江苏高校协同创新：实践·思考·展望

陈军冰 等 ● 编著

河海大学出版社
·南京·

图书在版编目(CIP)数据

江苏高校协同创新：实践·思考·展望 / 陈军冰等编著. -- 南京：河海大学出版社，2022.11

ISBN 978-7-5630-7805-9

Ⅰ. ①江… Ⅱ. ①陈… Ⅲ. ①高等学校—创新管理—研究—江苏 Ⅳ. ①G647

中国版本图书馆 CIP 数据核字(2022)第 220082 号

书　　名　**江苏高校协同创新：实践·思考·展望**
JIANGSU GAOXIAO XIETONG CHUANGXIN：SHIJIAN. SIKAO. ZHANWANG
书　　号　ISBN 978-7-5630-7805-9
责任编辑　张心怡
责任校对　卢蓓蓓
封面设计　张世立
出版发行　河海大学出版社
地　　址　南京市西康路 1 号(邮编：210098)
电　　话　(025)83737852(总编室)　(025)83786934(编辑室)
(025)83722833(营销部)
经　　销　江苏省新华发行集团有限公司
排　　版　南京布克文化发展有限公司
印　　刷　苏州市古得堡数码印刷有限公司
开　　本　787 毫米×1092 毫米　1/16
印　　张　8.75
字　　数　150 千字
版　　次　2022 年 11 月第 1 版
印　　次　2022 年 11 月第 1 次印刷
定　　价　49.00 元

《江苏高校协同创新：实践·思考·展望》

编 委 会

主　　编： 陈军冰

副 主 编： 毛晓翔　钱福良　曲　颂

编 写 组： 王钰云　王轶帅　卜　伟　宋福明　顾升华

蔡宇青　张道潘　周国栋　席　建

编委会成员：（人员名单按照高校协同创新中心成果编排顺序排列）

张　浩　吴　刚　陈露洪　傅玉灿　付永胜

顾爱华　郝　琨　郑骏年　吴启运　贺　蔚

陈日志　任　刚　缪昌文　张亚梅　曹茂森

李　崎　刘　蒙　杨文建　侯保全　耿立波

谈际尊　李亚飞　唐振民

序言 PREFACE

2012 年 3 月，教育部、财政部启动实施“高等学校创新能力提升计划”（简称“2011 计划”），要求按照“国家急需、世界一流”的要求，以国家重大需求为牵引，以机制体制改革为核心，以协同创新中心建设为载体，以创新资源和要素的有效汇聚为保障，转变高校创新方式，提升高校人才、学科、科研三位一体的创新能力。

为贯彻落实《教育部 财政部关于实施高等学校创新能力提升计划的意见》精神，经江苏省政府批准，江苏省教育厅、财政厅于 2012 年 11 月启动实施“江苏高等学校协同创新计划”（以下简称“江苏高校协同创新计划”），旨在通过培育建设一批高校协同创新中心，构建协同创新的新模式、新机制，形成有利于协同创新的文化氛围，集聚优质科技创新资源，培育一批拔尖创新人才，紧扣经济社会发展的重大需求和关键核心技术，开展协同攻关，取得一批标志性成果。工作目标是把高校协同创新中心建设成为具有重要影响的学术高地、行业产业共性技术的研发基地、区域创新发展的引领阵地和文化传承创新的主力阵营，从而推动知识创新、技术创新和机制创新的有机融合。

江苏高校协同创新计划实施两个周期以来，江苏高校协同创新事业在不断探索中稳步推进，取得了显著的成就，在全国各省份中处于领先位置，有力地促进了江苏高校创新能力的提升，并且服务了经济社会的发展。自国家实施“双一流”建设以来，江苏高校协同创新计划便被纳入江苏高水平大学建设方案，与“双一流”建设很好地进行了衔接，有力地支撑着江苏高校学科建设和人才培养走在全国前列。

江苏高校协同创新计划的实施、推进和成效的取得，离不开全省高校协同创新战线上各方面同志的辛勤努力，尤其是这十年来随着协同创新工作的逐步深入，全省高校中一批从事协同创新管理工作的老师们在岗位上的兢兢业业和默默付出！本书的主要作者及编委会成员是他们当中的优秀代表。伴随着江苏高校协同创新计划的实施，他们对协同创新理论、协同创新中心机制体制改革、协同创新中心建设管理等方面进行了有益的探索，并逐步丰富了江苏高校协同创新管理与实践经验。编撰本书既是对江苏高校协同创新发展历程、协同创新理论与实践的总结，也为协同创新工作的深入推进提供了一本实务的“参考书”。

相信随着江苏高校协同创新事业的不断推进，全省协同创新战线的同仁们在新的征途上定会再创佳绩，再造辉煌，为江苏高校科技创新和服务发展能力持续提升作出新的贡献。

江苏省教育厅二级巡视员

前言 INTRODUCTION

当前,新一轮科技革命和产业变革加速演变,更加凸显了加快提升我国科技创新能力的紧迫性。科技创新能力的提升依赖于原始创新、开放式技术创新、协同创新、全面创新、自主创新这五种创新模式的不断创新与演进。其中,协同创新是指创新资源和要素有效汇聚,通过打破创新主体间的壁垒,充分释放彼此间“人才、资本、信息、技术”等创新要素活力而实现深度合作。协同不是形式的聚合,而是创新主体和创新客体核心要素的深度融合。协同创新就是打破部门的局限,能够让大家进行更加密切的“产学研”互动合作,能够把高校、企业和科研院所,还有相关的一些政府机构结合在一起,实现有效的创新。协同创新现已成为支撑我国科技创新的重要途径。

协同创新在面向科学前沿的基础研究领域、面向行业产业发展的关键技术领域、面向区域发展的区域创新领域、面向文化传承的社会领域,尤其是在应对突发重大事件的应急攻关等方面显现出十分强大的协同力和无可替代的模式创新优势。

例如,我国第一个自然科学领域的诺贝尔奖获得者——屠呦呦,其发现青蒿素的科学贡献,即源自为寻找新的抗疟药在我国专门成立的代号“523”办公室的领导和组织下开展的全国大协同攻关。“523”任务,是在特殊历史条件下,由全国60多个科研单位、500多名科研人员组成的科研集体,在全国“523”领导小组统一的组织管理下共同执行的一项特殊的使命。经过13年的艰苦奋战,通过大协作,这支队伍研制出一系列行之有效的疟疾预防、治疗、急救药物,并取得其他科研成果100余项,圆满完成此项任务。他们从祖国医药宝库中发掘出了新一代抗疟药——青蒿素及其衍生物。[1]

又如,第二次世界大战期间,美国为研制原子弹于1942年6月实施了“曼哈顿工程”。该工程集中了当时西方国家(除德国外)最优秀的核科学家,动员了10万多人参与,通过系统的协同攻关,历时3年,耗资20亿美元,于1945年7月16日成功地进行了世界上第一次核爆炸,并按计划制造出两颗实用的原子弹[2]。

我国的“两弹一星”工程始于20世纪50年代中期，我国根据当时的国际形势，果断地作出独立自主研制“两弹一星”的战略决策。以钱学森、邓稼先、于敏为代表的大批优秀科技工作者，以身许国，义无反顾地投身到这一神圣而伟大的事业中来。“大力协同、勇于登攀”是成就“两弹一星”事业的重要保证，充分体现了集中力量办大事的社会主义制度优势。“两弹一星”是中华人民共和国规模空前、高度综合的科技工程，体系庞大，关涉众多。在党的集中统一领导下，全国一盘棋，协同攻关，大大加速了“两弹一星”的研制进程。据统计，全国先后有26个部(院)，以及20个省区市包括1 000多家工厂、科研机构、大专院校参加攻关会战。原子弹研制中的“九次计算”“草原大会战”，氢弹原理突破中的“群众大讨论”“上海百日攻坚战”等，都是集体攻关、团结协作的结果[3]。科技工作者用较少的投入和较短的时间，突破了原子弹、导弹和人造地球卫星等尖端技术。1964年10月16日，中国第一颗原子弹爆炸成功；1967年6月17日，中国第一颗氢弹空爆试验成功；1970年4月24日，中国第一颗人造卫星(东方红一号)发射成功，在宇宙中唱响了《东方红》。

举世瞩目的三峡工程，从1919年孙中山先生在《建国方略》中最早提出建设“三峡工程”的设想，到20世纪80年代进入科学论证，再到1994年12月14日三峡工程正式开工、2009年建成运行，时至今日已经走过了百年岁月。这一工程经过了几代人70余年的构想、勘测、设计、研究、论证。这一“大国重器”的建成，离不开全国最顶尖的水利专家、最好的大学和研究机构及水利行业研发力量的协同创新。仅从科学论证的过程来看，1983年水利电力部提交了工程可行性研究报告，并着手进行前期准备；1986年到1988年，国务院召集钱正英、张光斗、陆佑楣等412位专业人士，分十四个专题对三峡工程进行了长达两年八个月的全面重新论证[4]，这些举措为三峡工程的顺利建设奠定了坚实的科学基础。

2020年，在我国抗击突发的人类未知的新冠肺炎疫情的过程中，以钟南山、李兰娟等专家为首的高级别专家组多次强调抗击新冠肺炎疫情最有效的措施是多学科协同、国际合作。

历史的时针回到2020年3月2日，习近平总书记指出，要加快推进已有的多种技术路线疫苗研发，同时密切跟踪国外研发进展，加强合作，争取早日推动疫苗的临床试验和上市使用。2020年除夕刚过，开展疫苗研发工作的科研人员就出发了，首支疫苗研发团队进驻浙江省疾控中心P3实验室。提速，再提速！汇集了全国多个领域、多个学科优势力量的疫情防控科研攻关团队一刻不停歇。20余个新冠疫苗进入临床试验阶段，科研人员心无旁骛，协同创新，争分夺秒……我国新冠疫苗的研发速度和数量始终处于世界第一方阵；疫苗产能加速释放，日接种量可达2 000万剂次以上……让世界瞩目的中国速度，为14亿多人民生命健康织起更严密的"安全网"，也为全球战胜疫情注入信心。[5]

我国良渚文化的发现、发掘过程也是典型的水利工程技术与考古文化的协同成果。科学家通过良渚古城外围水利系统与工程技术考古研究，经过筑坝技术原理分析及精确测算协助，证实、揭示了"良渚古城外围大型水利工程是属于距今约有5 000年历史的良渚时期的水利系统"这一重大考古发现，为良渚古城遗址成功申报世界文化遗产提供关键支撑。良渚水利系统的确认，将中国水坝的历史往前推进了1 000多年，改写了世界水利史，具有重要的学术价值。

协同创新是当前科技创新的历史选择，具有鲜明时代特征。国家需要打破西方发达国家的科技垄断，摒弃集成创新、模仿创新的老路子。以突破重大问题和需求为导向的协同创新成为此背景下的必然选择。

2012年3月，教育部正式发布了《教育部 财政部关于实施高等学校创新能力提升计划的意见》(教技〔2012〕6号)(简称"2011计划")，启动实施"2011计划"，旨在建立一批"2011协同创新中心"，大力推进高校与高校、科研院所、行业企业、地方政府及国外科研机构的深度合作。"2011计划"是加快创新型国家建设的重要支撑，是推动我国教育与科技、经济、文化紧密结合的战略行动。2015年10月24日，国务院印发《统筹推进世界一流大学和一流学科建设总体方案》(国发〔2015〕64号)，启动"双一流"建设，教育部明确将"高等学校创新能力提升计划(2011计划)"统筹纳入"双一流"建设。江苏省委省政府高度重视"2011计划"，于2012年11月启动实施了江苏高校协同创新计划，开展以四年为一个建设周期的建设工作，并于2020年底完成了第二建设期的建设和绩效评价工作，从2021年开始进入第三建设周期的建设工作。

习近平总书记强调，在带领中国经济社会全面深化改革的过程中必须依托创新行为，无论是制度创新、文化创新，还是科技创新，都必须全面贯彻"协同创新"这个理念[6]。也就是说，要把创新最大程度落地，我们需要跨越领域、行业、国别，让创意、专利、资源、人才在网状结构中自由结合，以开发更多增长潜力，开辟发展崭新局面。

从2021年起，国家“十四五”规划已正式开启，江苏高校协同创新计划第三个建设期也开始实施。值此之际，本书旨在总结第二建设期的建设经验与得失，研究并为第三周期建设与改革任务建言献策，为进一步提升江苏高校创新能力贡献一份力量。

目录 CONTENTS

第一章

江苏高校协同创新发展总体情况

一、江苏高校协同创新计划实施情况

（一）江苏高校协同创新中心概况

2012年3月，自国家实施“2011计划”以来，教育部、财政部于2012—2014年共开展了两批次国家“2011协同创新中心”认定工作，正式认定了38个国家“2011协同创新中心”（见表1-1），其中江苏高校共被认定了5个国家“2011协同创新中心”，数量位居全国第二。为持续推动高校协同创新计划的实施，2018年4月，教育部启动实施了“省部共建协同创新中心”认定工作，2018—2019年，已布局建设了125个省部共建协同创新中心（2018年认定59个，2019年认定66个）。截至2020年底，江苏共有10个协同创新中心被认定为省部共建协同创新中心，数量位居全国第一（见表1-2）。

江苏高校协同创新计划坚持“需求导向、全面开放、深度融合、择优支持”的原则，以急需和一流为导向，以协同推进为核心，以创新发展为方向，以“产学研”结合为主线，组织高校与国内外各类创新主体和创新资源紧密合作，开展协同创新和联合科技攻关，建设人才、学科和科研三位一体的高校协同创新中心。2013—2014年，江苏省教育厅、财政厅共开展了两批次江苏高校协同创新中心认定工作，全省共认定了76个江苏高校协同创新中心。截至2020年底，在这76个江苏高校协同创新中心之中，立项建设的协同创

注：本书相关数据来源于江苏省教育厅统计数据和全省高校协同创新中心。

新中心58个，培育建设的协同创新中心11个，自主发展的协同创新中心2个，高职院校工程技术中心5个（见表1-3）。

在江苏高校协同创新中心认定和建设的过程中，60余所江苏高校通过自有资源和经费筹措，建设了272个校级协同创新中心，江苏高校已经形成国家、省和校三级高校协同创新体系（见表1-4）。

表1-1　国家“2011协同创新中心”名单

序号	协同创新中心	牵头高校	类型
1	量子物质科学协同创新中心	北京大学	前沿
2	先进航空发动机协同创新中心	北京航空航天大学	行业
3	轨道交通安全协同创新中心	北京交通大学	行业
4	钢铁共性技术协同创新中心	北京科技大学	行业
5	北京电动车辆协同创新中心	北京理工大学	区域
6	中国基础教育质量监测协同创新中心	北京师范大学	文化
7	辽宁重大装备制造协同创新中心	大连理工大学	区域
8	无线通信技术协同创新中心	东南大学	行业
9	高性能计算协同创新中心	国防科技大学	行业
10	宇航科学与技术协同创新中心	哈尔滨工业大学	行业
11	河南粮食作物协同创新中心	河南农业大学	区域
12	南方粮油作物协同创新中心	湖南农业大学	区域
13	人工微结构科学与技术协同创新中心	南京大学	前沿
14	中国南海研究协同创新中心	南京大学	文化
15	江苏先进生物与化学制造协同创新中心	南京工业大学	区域
16	中国特色社会主义经济建设协同创新中心	南开大学	文化
17	出土文献与中国古代文明研究协同创新中心	清华大学	文化
18	先进核能技术协同创新中心	清华大学	行业
19	能源材料化学协同创新中心	厦门大学	前沿
20	两岸关系和平发展协同创新中心	厦门大学	文化
21	IFSA协同创新中心	上海交通大学	前沿
22	高新船舶与深海开发装备协同创新中心	上海交通大学	行业
23	未来媒体网络协同创新中心	上海交通大学	行业
24	生物治疗协同创新中心	四川大学	前沿

续表

序号	协同创新中心	牵头高校	类型
25	苏州纳米科技协同创新中心	苏州大学	区域
26	天津化学化工协同创新中心	天津大学	前沿
27	智能型新能源汽车协同创新中心	同济大学	行业
28	地球空间信息技术协同创新中心	武汉大学	行业
29	国家领土主权与海洋权益协同创新中心		文化
30	信息感知技术协同创新中心	西安电子科技大学	行业
31	高端制造装备协同创新中心	西安交通大学	行业
32	煤炭分级转化清洁发电协同创新中心	浙江大学	行业
33	感染性疾病诊治协同创新中心		前沿
34	长三角绿色制药协同创新中心	浙江工业大学	区域
35	量子信息与量子科技前沿协同创新中心	中国科技大学	前沿
36	司法文明协同创新中心	中国政法大学	文化
37	有色金属先进结构材料与制造协同创新中心	中南大学	行业
38	重庆自主品牌汽车协同创新中心	重庆大学	区域

备注:前沿全称科学前沿,行业全称行业产业,区域全称区域发展,文化全称文化传承。

表 1-2　江苏高校国家级中心一栏表

中心类别	序号	牵头高校	协同创新中心名称	认定时间
国家 2011	1	南京大学	中国南海研究	2013
	2		人工微结构科学与技术	2014
	3	苏州大学	苏州纳米科技	2013
	4	南京工业大学	江苏先进生物与化学制造	2013
	5	东南大学	无线通信技术	2014
省部共建	1	河海大学	水安全与水科学	2018
	2	南京农业大学	现代作物生产	2018
	3	南京信息工程大学	气象灾害预报预警与评估	2018
	4	南京航空航天大学	××××制造技术	2018
	5	中国矿业大学	矿山智能采掘装备	2019
	6	南京师范大学	立德树人	2019
	7	江苏师范大学	语言能力	2019

续表

中心类别	序号	牵头高校	协同创新中心名称	认定时间
省部共建	8	南京理工大学	××××材料与装备	2019
	9	南京医科大学	肿瘤个体化医学	2020
	10	南京林业大学	南方现代林业	2020

表1-3 江苏高校协同创新中心的基本情况一栏表[7]

序号	牵头高校	协同创新中心名称	类型	依托主体学科
1	南京大学	气候变化	前沿	地球科学
2		区域经济转型与管理变革	区域	经济学/管理学/马克思主义
3		固态照明与节能电子学	行业	电子与通信科学技术
4		软件新技术与产业化	行业	计算机科学与技术
5		中国文学与东亚文明	文化	文学
6	东南大学	先进土木工程材料	行业	土木建筑科学技术/材料科学技术
7		现代城市交通技术	行业	交通运输科学技术
8		新型建筑工业化	行业	土木建筑科学技术
9		公民道德与社会风尚	文化	哲学/管理学/社会学
10	南京航空航天大学	航空航天先进制造技术	行业	机械科学技术
11		轻型通用航空飞行器技术	行业	力学/航空、航天科学技术
12	南京理工大学	先进微纳米材料及装备	行业	材料科学技术/化工科学技术
13		社会公共安全科技	行业	计算机科学技术/自动控制科学技术/管理学
14	河海大学	水安全与水科学	行业	水利科学技术
15		沿海开发与保护	区域	水利科学技术
16		重大基础设施安全保障	行业	力学/土木工程/地球科学/材料科学技术
17		“世界水谷”与水生态文明	文化	管理学/经济学/社会学

续表

序号	牵头高校	协同创新中心名称	类型	依托主体学科
18	南京农业大学	有机固体废弃物资源化	区域	农业科学技术/环境科学技术
19		肉类生产与加工质量安全控制	行业	食品科学技术/农业科学技术
20		现代作物生产	区域	生物学/农业科学技术
21	中国药科大学	生物医药	区域	药学
22		现代中药	行业	中医、中药学
23	江南大学	现代工业发酵	行业	生物学
24		食品安全与质量控制	行业	食品科学技术
25	中国矿业大学	矿山智能采掘装备	区域	机械科学技术/矿山科学技术
26		老工业基地资源利用与生态修复	区域	力学/测绘科学技术/矿山科学技术
27	南京师范大学	生物医药功能材料	区域	化学
28		立德树人(原:基础教育人才培养模式)	文化	教育学
29		地理信息资源开发与利用	区域	地球科学
30		区域法治发展	文化	法学
31	苏州大学	纳米科技	区域	物理学/生物学/材料科学技术/化工科学技术
32		血液学	前沿	临床医学
33		放射医学	行业	基础医学/核科学技术
34		新型城镇化与社会治理	区域	政治学
35	南京邮电大学	物联网技术与应用	区域	电子与通信科学技术/计算机科学技术/自动控制科学技术/信息科学与系统科学
36		有机电子与信息显示	行业	有机光电子学/电子与通信科学技术
37	南京林业大学	南方现代林业	行业	林业科学技术/生物学
38		林业资源高效加工利用	区域	林业科学技术/材料科学技术/化工科学技术

续表

序号	牵头高校	协同创新中心名称	类型	依托主体学科
39	南京信息工程大学	气象灾害预报预警与评估	行业	地球科学
40		大气环境与装备技术	行业	环境科学技术
41	南京工业大学	先进生物制造	区域	化工科学技术/轻工业科学技术
42		膜材料与膜过程	行业	化工科学技术
43		先进无机功能复合材料	区域	材料科学技术
44	南京财经大学	现代服务业	区域	经济学/管理学/计算机科学技术
45		现代粮食流通与安全	区域	食品科学技术/计算机科学技术/经济学
46	南京医科大学	心血管病转化医学	行业	基础医学
47		肿瘤个体化医学（原培育）	行业	基础医学/临床医学/预防医学与卫生学
48	南京中医药大学	中药资源产业化过程	行业	中医、中药学
49		中医药防治肿瘤	行业	中医、中药学/生物学/临床医学
50	江苏师范大学	先进激光技术与新兴产业	区域	物理学/工程与技术基础学科/材料科学技术
51		语言能力	文化	语言学
52	江苏大学	现代农业装备与技术	行业	农业科学技术
53		高端金属结构材料及装备技术	区域	材料科学技术
54	扬州大学	动物重要疫病与人兽共患病防控	行业	家畜禽、兽医科学技术/生物学/农业科学技术
55		粮食作物现代产业技术（原培育）	行业	农业科学技术
56	徐州医科大学	肿瘤生物治疗	区域	临床医学/基础医学/生物学
57	江苏科技大学	高技术船舶	行业	交通运输科学技术/机械科学技术/自动控制科学技术
58	南通大学	神经再生	前沿	基础医学

续表

序号	牵头高校	协同创新中心名称	类型	依托主体学科
59	常州大学	光伏科学与工程	区域	材料科学技术/机械科学技术/化工科学技术
60		先进催化与绿色制造	行业	化学/材料科学技术/化工科学技术
61	盐城工学院	生态建材与环保装备	区域	材料科学技术/化工科学技术
62	淮阴师范学院	区域现代农业与环境保护	区域	生物学/农业科学技术/水产科学技术/环境科学技术
63	苏州科技大学	水处理技术与材料	行业	环境科学技术/材料科学技术
64	盐城师范学院	滩涂生物农业	区域	生物学/农业科学技术
65	南京艺术学院 常州工学院	文化创意协同创新中心	文化	艺术学/计算机科学技术/机械科学技术
66	南京体育学院	运动与健康工程	区域	体育科学
67	南京工程学院	配电网智能技术与装备	行业	动力与电气科学技术
68	江苏海洋大学	海洋生物产业技术	区域	水产科学技术/生物学
69	淮阴工学院	岩盐与凹土资源深度利用	区域	化工科学技术
70	南京审计大学	审计信息工程与技术	行业	经济学/计算机科学技术/管理学
71	中国人民解放军陆军工程大学	卫星通信与导航	区域	电子与通信科学技术
72	南京工业职业技术学院	风力发电工程技术中心	行业	材料科学技术/动力与电气科学技术/自动控制科学技术
73	江苏建筑职业技术学院	建筑节能与建造技术工程技术中心	行业	土木建筑科学技术
74	江苏农林职业技术学院	现代园艺工程技术中心	行业	农业科学技术
75	江苏工程职业技术学院	先进纺织工程技术中心	行业	纺织科学技术
76	江苏农牧科技职业学院	现代畜牧与新兽药工程技术中心	行业	家畜禽、兽医科学技术

备注：前沿全称科学前沿，行业全称行业产业，区域全称区域发展，文化全称文化传承。

表 1-4　江苏高校三级协同创新体系情况一栏表

(截至 2021 年 1 月)

序号	类别	协同创新中心类型		数量(个)	数量(个)
1	国家级	Ⅰ	国家"2011 协同创新中心"	5	15
		Ⅱ	省部共建协同创新中心	10	
2	省级	Ⅰ	立项建设的协同创新中心	58	76
		Ⅱ	培育建设的协同创新中心	11	
		Ⅲ	自主发展的协同创新中心	2	
		Ⅳ	立项建设高职院校工程技术中心	5	
3	校级	—	校级协同创新中心	212	272

(二) 江苏高校协同创新中心演化情况

2013 年,江苏省教育厅、财政厅开展了首批江苏高校协同创新中心认定工作,首批认定了立项建设的江苏高校协同创新中心 29 个、培育建设的江苏高校协同创新中心 11 个。

2014 年,江苏省教育厅、财政厅开展了第二批次江苏高校协同创新中心认定工作,共立项建设江苏高校协同创新中心 30 个(其中 5 个由培育建设晋升为立项建设)、培育建设江苏高校协同创新中心 6 个、立项建设高职院校工程技术中心 5 个。

经过两批次的认定工作,共认定江苏高校协同创新中心 76 个。其中,立项建设江苏高校协同创新中心 59 个、培育建设江苏高校协同创新中心 12 个、立项建设高职院校工程技术中心 5 个。江苏高校协同创新中心开展了第一个建设周期的建设工作。

2016 年下半年,江苏省教育厅、财政厅对 59 个立项建设的江苏高校协同创新中心开展了首次绩效评价工作,评价结果是:25 个协同创新中心获 A 等次,24 个协同创新中心获 B 等次,10 个协同创新中心获 C 等次。

2017 年,江苏省教育厅、财政厅对 10 个 C 等次的协同创新中心进行了验收,9 个协同创新中心结果为合格(等同于 B 等次),1 个协同创新中心转为自主发展。同时,对 12 个培育建设中心进行了遴选,2 个培育建设中心晋升为立项建设中心,3 个培育建设中心转为自主发展。

第一次绩效评价、验收和遴选后,76 个江苏高校协同创新中心分布情况是:

立项建设协同创新中心 60 个，培育建设协同创新中心 7 个，自主发展 4 个，高职院校工程技术中心 5 个。江苏高校协同创新中心开始进入第二个建设周期。

2020 年下半年，江苏省教育厅、财政厅开展了第二建设期的绩效评价工作，评价结果是：60 个立项中心中，6 个获 A+等次，26 个获 A 等次，22 个获 B 等次，6 个降为培育中心；7 个培育中心中，4 个晋升为立项中心（B 等次），3 个仍为培育中心；4 个自主发展中心中，2 个晋升为培育中心，2 个仍为自主发展；5 个高职院校工程技术中心中，3 个优秀，2 个良好。

经第二次绩效评价后，76 个江苏高校协同创新中心的分布情况是：立项建设中心 58 个，培育建设中心 11 个，自主发展 2 个，高职院校工程技术中心 5 个（见表 1-5）。

表 1-5　江苏高校协同创新中心总体演化情况一栏表

<table>
<tr><th rowspan="2">类型</th><th colspan="3">年度</th></tr>
<tr><th>2013—2014 年认定（个）</th><th>2016—2017 年绩效评估/验收遴选（个）</th><th>第二建设期绩效评价情况（个）</th></tr>
<tr><td rowspan="4">立项建设</td><td rowspan="4">59</td><td>60</td><td>58</td></tr>
<tr><td>（25A）</td><td>（6A+）</td></tr>
<tr><td rowspan="2">（35B）</td><td>（26A）</td></tr>
<tr><td>（26B）</td></tr>
<tr><td>培育建设</td><td>12</td><td>7</td><td>11</td></tr>
<tr><td>自主发展</td><td>—</td><td>4</td><td>2</td></tr>
<tr><td rowspan="3">立项建设高职院校工程技术中心</td><td rowspan="3">5</td><td rowspan="3">5</td><td>5</td></tr>
<tr><td>（3 优秀）</td></tr>
<tr><td>（2 良好）</td></tr>
</table>

经过两次绩效评价，一些高校和协同创新中心的建设始终保持在比较好的水平，如南京大学、东南大学、苏州大学、淮阴师范学院等高校及由其牵头建设的协同创新中心。在 71 个高校协同创新中心中，有 22 个中心升档（其中南京医科大学肿瘤个体化医学协同创新中心由 B 等次跨越式升为A+等次），39 个中心保持在原等次，10 个中心降档（见表 1-6）。

从 2017 年下半年开始，江苏高校协同创新计划的实施进入第二个周期，江苏省政府成立了江苏高水平大学建设领导小组，统筹推进包括高校协同创新计划在内的四大专项的实施。

表 1-6　76 个江苏高校协同创新中心演化情况一栏表

序号	牵头高校	协同创新中心名称	认定时间		一期绩效评价		二期绩效评价
			2013 年	2014 年	2016 年	2017 年	2020 年
1	南京大学	气候变化	立项建设		A		A
2		区域经济转型与管理变革	立项建设		A		A
3		固态照明与节能电子学	立项建设		A		A
4		软件新技术与产业化		立项建设	A		A
5		中国文学与东亚文明		立项建设	B		B
6	东南大学	先进土木工程材料	立项建设		A		A
7		现代城市交通技术	立项建设		B		A
8		新型建筑工业化		立项建设	A		A+
9		公民道德与社会风尚		立项建设	B		A
10	南京航空航天大学	航空航天先进制造技术	立项建设		A		A
11		轻型通用航空飞行器技术		立项建设	C	合格(B)	B
12	南京理工大学	先进微纳米材料及装备	立项建设		B		A
13		社会公共安全科技		立项建设	B		B
14	河海大学	水安全与水科学	立项建设		A		A+
15		沿海开发与保护	立项建设		B		B

续表

序号	牵头高校	协同创新中心名称	认定时间		一期绩效评价		二期绩效评价
			2013 年	2014 年	2016 年	2017 年	2020 年
16	河海大学	重大基础设施安全保障		立项建设	B		A
17	河海大学	“世界水谷”与水生态文明		立项建设	C	合格(B)	B
18	南京农业大学	有机固体废弃物资源化	立项建设		B		B
19	南京农业大学	肉类生产与加工质量安全控制		立项建设	A		A
20	南京农业大学	现代作物生产		立项建设	A		A
21	中国药科大学	生物医药	立项建设		C	合格(B)	A
22	中国药科大学	现代中药		立项建设	B		培育建设
23	江南大学	现代工业发酵	立项建设		B		B
24	江南大学	食品安全与质量控制		立项建设	C	合格(B)	A
25	中国矿业大学	矿山智能采掘装备	立项建设		A		A+
26	中国矿业大学	老工业基地资源利用与生态修复		立项建设	C	合格(B)	A
27	南京师范大学	生物医药功能材料	立项建设		A		B
28	南京师范大学	立德树人（原：基础教育人才培养模式）	立项建设		A		A
29	南京师范大学	地理信息资源开发与利用		立项建设	A		B
30	南京师范大学	区域法治发展		立项建设	A		A

续表

序号	牵头高校	协同创新中心名称	认定时间		一期绩效评价		二期绩效评价
			2013 年	2014 年	2016 年	2017 年	2020 年
31	苏州大学	纳米科技	立项建设		A		A+
32		血液学	立项建设		A		A
33		放射医学		立项建设	B		A
34		新型城镇化与社会治理		立项建设	C	合格(B)	B
35	南京邮电大学	物联网技术与应用	立项建设		B		B
36		有机电子与信息显示		立项建设	B		A
37	南京林业大学	南方现代林业	立项建设		B		B
38		林业资源高效加工利用		培育建设		培育建设	B
39	南京信息工程大学	气象灾害预报预警与评估	立项建设		A		A
40		大气环境与装备技术		立项建设	C	合格(B)	B
41	南京工业大学	先进生物制造	立项建设		A		B
42		膜材料与膜过程	立项建设		A		A
43		先进无机功能复合材料		立项建设	C	合格(B)	培育建设
44	南京财经大学	现代服务业	立项建设		B		B
45		现代粮食流通与安全		立项建设	B		A

续表

序号	牵头高校	协同创新中心名称	认定时间		一期绩效评价		二期绩效评价
			2013年	2014年	2016年	2017年	2020年
46	南京医科大学	心血管病转化医学	立项建设		B		B
47		肿瘤个体化医学		培育建设		晋升立项建设(B)	A+
48	南京中医药大学	中药资源产业化过程	立项建设		C	合格(B)	B
49		中医药防治肿瘤		培育建设		自主发展	培育建设
50	江苏师范大学	先进激光技术与新兴产业	立项建设		B		培育建设
51		语言能力		立项建设	A		A+
52	江苏大学	现代农业装备与技术	立项建设		B		B
53		高端金属结构材料及装备技术		培育建设		培育建设	B
54	扬州大学	动物重要疫病与人兽共患病防控	立项建设		B		B
55		粮食作物现代产业技术		培育建设		晋升立项建设(B)	培育建设
56	徐州医科大学	肿瘤生物治疗		立项建设	A		A
57	江苏科技大学	高技术船舶	培育建设	立项建设	A		B
58	南通大学	神经再生	培育建设	立项建设	A		A
59	常州大学	光伏科学与工程	立项建设		B		B
60		先进催化与绿色制造		立项建设	B		B

续表

序号	牵头高校	协同创新中心名称	认定时间		一期绩效评价		二期绩效评价
			2013 年	2014 年	2016 年	2017 年	2020 年
61	盐城工学院	生态建材与环保装备	培育建设	立项建设	B		培育建设
62	淮阴师范学院	区域现代农业与环境保护	培育建设	立项建设	A		A
63	苏州科技大学	水处理技术与材料	培育建设			培育建设	B
64	盐城师范学院	滩涂生物农业	培育建设			培育建设	B
65	南京艺术学院、常州工学院	文化创意		立项建设	B		培育建设
66	南京体育学院	运动与健康工程		培育建设		培育建设	培育建设
67	南京工程学院	配电网智能技术与装备	培育建设			培育建设	培育建设
68	江苏海洋大学	海洋生物产业技术	培育建设			培育建设	培育建设
69	淮阴工学院	岩盐与凹土资源深度利用	培育建设			自主发展	培育建设
70	南京审计大学	审计信息工程与技术	培育建设			自主发展	自主发展
71	中国人民解放军陆军工程大学	卫星通信与导航	培育建设	立项建设	C	自主发展	自主发展
72	南京工业职业技术学院	风力发电工程技术中心		立项建设			良好
73	江苏建筑职业技术学院	建筑节能与建造技术工程技术中心		立项建设			优秀
74	江苏农林职业技术学院	现代园艺工程技术中心		立项建设			优秀
75	江苏工程职业技术学院	先进纺织工程技术中心		立项建设			良好
76	江苏农牧科技职业学院	现代畜牧与新兽药工程技术中心		立项建设			优秀

备注：根据第二建设期绩效评价结果，71 个高校协同创新中心中，有 22 个中心升档，39 个中心保持在原等次，10 个中心降档。

从 2021 年开始，江苏高校协同创新计划进入第三个周期建设。2021 年 2 月 5 日，江苏省政府印发了《江苏高水平大学建设方案（2021—2025 年）》，进一步明确了协同创新的发展方向。

二、江苏高校协同创新总体成效

江苏高校协同创新中心经过八年两个周期的建设，取得了明显成效。

（1）持续优化协同创新体系

突出体系建设，整体系统推进，江苏省现已建成国家、省和校三级协同创新中心体系。一是国家层面争创引领。由南京大学、东南大学、苏州大学、南京工业大学这 4 所高校牵头的 5 个协同创新中心入选国家“2011 协同创新中心”，数量居全国第二；江苏省获教育部认定 10 个省部共建协同创新中心，数量居全国第一。二是省级层面构筑中坚。截至 2021 年底，江苏省共有江苏高校协同创新中心 76 个，其中立项建设中心 58 个、培育建设中心 11 个、自主发展 2 个、高职院校工程技术中心 5 个。三是校级层面夯实基础。江苏省共有 60 余所高校通过自有资源和经费筹措，成立了 272 个校级协同创新中心。

经 2013 年、2014 年两批次遴选江苏高校协同创新中心后，江苏省专门开展了 2013—2016 年、2017—2020 年两个建设周期的绩效评价工作，按照“立项建设、培育建设、自主发展”三个档次分类支持，形成动态竞争格局。协同创新中心“滚动发展、分类支持”的长效建设机制逐步建立健全，“鼓励激励、有上有下”的动态调整机制正在形成。

（2）建立了完善的协同创新机制

着力抓好体制机制建设，持续推进计划实施。一是加强组织领导。成立江苏高校协同创新计划领导小组（现并入江苏高水平大学建设领导小组），由江苏省政府分管领导任组长，江苏省发展改革委、教育厅、科技厅和财政厅等部门和单位负责同志为成员，各成员单位密切配合，整合资源，积极协同，形成合力，扎实推进高校协同创新计划实施。二是健全管理机制。江苏省财政厅、教育厅共同制定并完善相关管理办法，加强和规范高校协同创新计划项目及资金管理，提高资金使用效益。会同第三方评价机构制定绩效评价办法，健全协同创新中心激励退出、分类支持和滚动发展机制，开展绩效评价，将绩效评价结果作为滚动支持和分类支持的依据。三是强化政策支持。将协同创新中心作为高等教育综合改革试验区建设重点项目，在高层次人才聘用引进、考核评价、知识产权及其权益分配等方面鼓励先行先试，并享有充分的自主权，确保协同创新中心正常运行和协同创新活动顺利开展。协同创新中心已逐渐成为高校综合改革的试验田，牵头高校及协同创新中心创新了人事管理制度、人才培养、考核评价等改革举措 1 000 余项。尤其是 2018 年 8 月，江苏省委省政府出台了“科技改革 30 条”，江苏省教育厅也随即出台配套文件，并进行大力宣贯，同时督促高校出台相应改革措施。比如科研经费方面的多项改革“红利”，使得在协同创新中心第一期建设中出现的专项经费使用进度缓慢的问题得到较大改善。四是发挥协同创新联盟作用。江苏高校协同创新联盟自成立以来，组织高校各协同创新中心建立了畅通的交流合作平台，通过会议交流、专家咨询、现场考察、成果对接等形式，分享协同创新活动开展的经验和做法，促进了协同创新理论与实践的研究。2019 年 11 月，联盟在徐州成功组织举办了“江苏高校协同创新中心对接实体经济会议暨管理工作培训会”，受到高校和社会各界的广泛关注。

(3) 整合集聚了优质创新资源

多方聚集资源，提升整体创新能力。一是省级专项经费。江苏省财政设立专项资金，根据协同创新中心的不同类型、目标任务和建设绩效等给予分类动态支持，同时要求高校将获得的相关经费统筹配套优先用于协同创新中心及其相关学科与项目。截至目前，江苏省财政累计安排专项资金 30.9 亿元。二是多方经费投入。积极争取社会多方面支持和投入，发挥行业部门、骨干企业和地方政府参与的积极性，建立健全多元投入长效机制。协同创新中心累计投入经费 410.3 亿元，其中国家教育和科技经费拨款 159.5 亿元，行业部门和地方政府支持经费 70.8 亿元，企业投入等经费 149 亿元。三是开展深度协同。破除高校与企业(科研院所)、学科与学科之间的壁垒，打破教育、科技、经济、社会之间的界限，积极集聚创新资源。协同 799 个单位，其中高校院所 405 个、骨干企业 340 个、政府机构及行业协会等 54 个。聘任全职固定人员 8 476 人、兼职与双聘人员 5 657 人、访问与流动人员 3 075 人，其中院士 161 人、“长江学者”234 人、国家“杰青”274 人、“国家海外高层次人才计划”353 人。

(4) 有效提升了科技创新能力

高校及协同创新中心在科研成果和协同育人等方面取得重大突破。在科研成果方面，新增重大科研项目 26 266 项，其中省部级以上科研项目 24 096 项，新增省部级以上基地平台 1 243 个，重要科技成果获国家级科技奖励 386 项、省部级科技奖励 2 489 项，在国际权威期刊发表高水平论文 55 785 篇，在国内一流期刊发表论文 17 211 篇，获授权发明专利 24 853 件，其中国际发明专利 1 177 件，转让、许可专利合同额 13.75 亿元，制定国家、行业等标准 1 986 项，突破重大理论、科学问题和关键核心技术 881 个，开辟新领域和新方向 274 个。在科技人才培养方面，新增与引进院士（含双聘，下同）137 人、“长江学者”186 人、国家“杰青”217 人、“国家海外高层次人才计划”339 人，累计培养硕士及以上学位学生 56 000 余名；新增省部级以上创新团队 675 个，获省部级以上人才计划 4 227 项。

(5) 持续增强了服务发展能力

坚持以服务发展为己任，以贡献赢得更大发展空间。国内方面，转化应用成果 7 045 项，产生经济效益约 9 428 亿元，为相关行业产业培训技术人员 87.87 万人次，为政府部门提供智库决策、解决社会和行业产业重大问题等 1 894 项。协同创新中心直接服务制造业发展的有 45 个，占总数的 76%；直接服务战略性新兴产业发展的有 71 个，服务面覆盖了 90%的战略性新兴产业领域。国际方面，协同创新中心积极与国际知名高校院所等广泛合作、深入协同，国际影响力不断增强。开展重大国际合作研究 770 项，在国际学术机构任职 2 114 人，派出人员到境外交流 16 527 人次。组建了一批国际联合实验室，积极打造国际一流的科研平台和国际化人才培养高地。

(6) 产出了一批重大标志性成果

围绕国家经济社会发展重大需求，面向科学技术前沿、行业产业发展、区域发展、文化传承与创新的重大、核心和关键问题，在改革机制体制、创新人才培养模式、建设高水平创新团队和平台、完成重大科研任务和理论研究、解决重大科学问题和“卡脖子”技术、开辟新领域和新方向等方面取得了一批标志性成果和重大突破。

江苏高校协同创新计划的实施得到教育部领导和社会各界的充分肯定。时任教育部部长指出，“江苏高校协同创新工作做得很好，走在了全国前列”。2020 年底，第三方评价机构对江苏高校协同创新计划二期建设进行了综合考核，结论为“优秀”。

三、江苏高校协同创新主要特色

“江苏高校协同创新走在了全国前列”主要体现在以下几个方面。

（1）纳入高水平大学整体建设方案，持续高强度财政经费支持

2015年10月24日，国务院印发《统筹推进世界一流大学和一流学科建设总体方案》（“双一流”建设）；2016年6月15日，江苏省人民政府印发《江苏高水平大学建设方案》，启动实施了高水平大学建设计划。江苏高水平大学建设计划是江苏省大力实施创新驱动发展的核心战略、科教与人才强省的战略，是加快推进江苏高等教育内涵式发展，夯实高原、打造高峰，不断提升高校服务产业能力和水平的重要举措。

从2017年开始，江苏省政府成立了高水平大学建设领导小组，统筹推进包括江苏高校协同创新计划在内的“四大专项”（江苏高校优势学科建设工程、品牌专业建设工程、协同创新计划、特聘教授计划）的实施。江苏高校协同创新计划作为高水平大学建设的重要支撑，着力夯实高水平大学建设科技创新领域的基础，提供强有力的创新支撑、人才支撑。协同创新突出人才培养的重要作用，将协同创新与协同育人有机结合，在协同过程中培养尖端人才。协同创新支撑学科发展，提升对学科内涵发展的支撑度，培育交叉和新兴学科。截至2021年底，全省15所“双一流”高校建有43个一流学科，南京大学、东南大学这两所“双一流”高校建有26个一流学科，其余13所一流学科建设高校建有17个一流学科，全部为牵头建设的协同创新中心的依托学科或支撑学科。其他高校协同创新中心所依托的主体学科也基本上是国家、江苏省重点学科或江苏省优势学科。协同创新计划有力地支撑着这些学科的建设发展。

自第二建设期以来，江苏省教育厅将江苏高校协同创新中心建设纳入江苏高水平大学建设重要内容，形成“四大专项”互为支撑，衔接和响应“双一流”建设，避免了协同创新计划专项在执行过程中“停滞”的问题。协同创新计划以高水平大学建设专项为载体，一方面，要突出人才培养的重要作用，切实将协同创新工作与协同育人工作有机结合，努力在协同创新中培养高精尖人才；另一方面，要支撑学科建设和发展，提升对学科内涵发展的支撑度，积极培育交叉和新兴学科，在科技创新领域为高水平大学建设提供强有力的科技支撑。通过实施高水平大学建设进一步推进高校开展

协同创新，完善以创新质量和贡献为导向的评价机制，健全协同创新中心激励退出、分类支持和滚动发展机制，积极谋划江苏高校协同创新计划第三期建设发展，推动江苏高校协同创新向更高目标、更高层次、更高水平迈进。

2021年2月5日，江苏省政府正式印发了《江苏高水平大学建设方案(2021—2025年)》，持续推进"四大专项"建设，夯实高水平大学建设基础，深化江苏高校协同创新计划在内的"四大专项"建设，建设期间江苏省财政经费投入力度不减、滚动支持。

2013—2020年，江苏省财政累计投入专项经费30.9亿元(年财政专项资金近4亿元)，这种支持力度在全国省份中是不多的。通过专项经费的引导，撬动多方经费投入，通过积极争取社会多方面的支持，发挥行业部门、骨干企业和地方政府参与的积极性，建立健全多元投入长效机制。据统计，江苏高校协同创新中心已累计投入总经费410.3亿元，其中国家教育和科技经费拨款159.5亿元，行业部门和地方政府支持经费70.8亿元，企业投入等经费149亿元(数据来自江苏省教育厅)。通过高强度投入，取得的成效非常显著，在全国的影响最大。

(2) 江苏高校协同创新中心已形成规模优势，覆盖学校面广

江苏高校协同创新中心总体数量在全国各省份中位居前列，协同的单位数量、培养和引进的高层次人才、汇聚的科研资源等均已形成一定的规模和体量。中心共协同799个单位，其中高校院所405个、骨干企业340个、政府机构及行业协会等54个(数据来自江苏省教育厅)。

江苏作为全国教育大省，高校众多、高原厚实、高峰涌现，高层次人才资源丰富，学科布局完备，产业基础雄厚，创新氛围浓郁，为江苏高校协同创新计划的持续深入实施并始终保持全国领先地位提供了有利条件。

截至2021年底，全省现有50多所公办普通本科院校，共有37所高校获批省高校协同创新中心，覆盖了全省公办本科院校的74%。各中心均为牵头高校中特色鲜明、整体实力最强的学科、科研和人才汇聚平台，呈现出"百花齐放"的局面。其中15所"双一流"高校建有40个立项建设中心、2个培育建设中心；22所普通本科院校建有18个立项建设中心、9个培育建设中心、2个自主发展中心；另有5所高职院校建有5个高职院校工程技术中心。

这样一支覆盖面广的集团力量的逐渐形成，将为江苏省打造国家区域科技战略研究力量提供有力支撑。

(3) 机制体制改革形成特色，与江苏科技改革互为促进

江苏省将协同创新中心作为高等教育综合改革试验区建设重点项目，切实发挥协同创新体制机制改革"试验区"作用，用足用好各项政策，助推协同创新中心成为科技创新和改革的"排头兵"，充分调动各类创新资源，充分激发这些创新资源的创新活力。这些改革措施与协同创新体制机制改革互为促进，比如科研经费方面，在《江苏省财政厅 江苏省教育厅关于印发江苏高等学校协同创新计划项目及资金管理办法的通知》(苏财规〔2014〕7号)的基础上，2019年12月6日，通过出台《江苏省财政厅 江苏省教育厅关于印发江苏省高等教育内涵建设专项资金管理办法的通知》(苏财规〔2019〕10号)释放多项改革"红利"，科研经费管理按照能放尽放原则，着力改革和创新科研经费使用和管理，加快实现科技领域"放管服"改革，进一步松绑经费使用，使得在协同创新中心第一期建设中出现的专项经费使用进度缓慢的问题得到较大改善。经初步测算，第二建设期总体专项支出平均比例达76%(江苏省教育厅监审处汇总审计报告结论)，远高于第一建设期总体平均支出的42.93%(2016年上海财经大学第三方审计结论)。通过这些努力，逐步实现为高校科研"松绑减负"，有力推进了协同创新中心的改革。

(4) 建设成效方面"质""量"提升，向高质量发展转变

从总体上看，江苏高校协同创新中心建设一期是"设计"阶段，二期更加侧重"实干"和"结果"，即是否真协同、是否促进协同创新产出更多实效。协同创新中心第一建设期，处于"播种育苗"阶段，侧重解决"有没有"的问题；第二建设期，总体处于"苗壮成长"阶段，主要呈现"干得怎么样"。

在"质"的方面，一部分协同创新中心主动服务国家和区域发展需求，取得了高质量建设成效。

① 中国矿业大学老工业基地资源利用与生态修复协同创新中心践行"绿水青山就是金山银山"理念，将采煤塌陷区成功改造为潘安湖湿地公园，为区域转型发展作出了突出的贡献。

习近平总书记将十九大后的首次地方调研定在江苏，他来到徐州贾汪区潘安湖神农码头，看到原来的老煤矿塌陷区变成了湿地公园和国家4A级景区，指出"资源枯竭地区经济转型发展是一篇大文章，实践证明这篇文章完全可以做好"。由中国矿业大学牵头的老工业基地资源利用与生态修复协同创新中心为区域转型发展作出了突出贡献，为老工业基地破解资源与环境约束提供智力支持，把科学理论和成果应用于塌陷地的修复，助推徐州

市实现了从“一城煤灰半城土”的工业城市到“一城青山半城湖”的生态城市的华丽转身。

② 南京工业大学膜材料与膜过程协同创新中心成功开发制浆尾水零排放技术，攻克造纸行业绿色发展这一世界难题。

日本王子纸业公司排海工程事件发生之后，由南京工业大学牵头的膜材料与膜过程协同创新中心，受南通市政府委托，组织开发制浆尾水零排放技术，提出了“吃干榨净”的研发思路，建成了全球首套 4 万吨/天制浆造纸废水零排放示范工程。该工程每年可减少化学耗氧量排放总量约 1 000 吨，减少废水排放总量约 1 300 万吨，回收工业盐产品数万吨，净化水 1 200 多万吨。该技术不但解决了世界难题，还解决了影响社会稳定的重大问题，已被成功推广应用到亚洲最大的纸业公司和中国最大的纸业公司。

③ 苏州大学纳米科技协同创新中心带动苏州工业园区形成协同创新圈，成为区域纳米产业高地。

2013 年，由苏州大学牵头的纳米科技协同创新中心入选国家首批“2011 计划”，目前已带动苏州工业园区内 5 家高校科研院所、200 多家纳米企业及产业联盟，形成了 3 公里协同创新圈。自二期建设以来，中心研发成果转化年销售额已超 10 亿元，累计带动行业新增销售额超 30 亿元。2019 年，苏州大学入选教育部首批高等学校科技成果转化和技术转移基地，专利累计转让数量位居全国高校前 10 位。

在“量”的方面，一期、二期统计数据表明，高层次人才培养与引进、高质量成果等重要指标有大幅度提升。

新增培养与引进高层次人才与团队建设方面显著提升：增量方面，二期与一期比较，“长江学者”增长 24%，“国家海外高层次人才”增长 18.7%，国家“杰青”增长 28.4%；获“省级以上人才计划”增长 30.7%。存量方面，二期“长江学者”存量较一期增长 12%，“国家海外高层次人才”增长 47%，国家“杰青”增长 7.9%。“国际学术机构任职”增长 125%。

科技成果数量方面，“国家级科技奖励”增长 42.4%，“国际权威期刊论文”增长 43.4%，“标准”增长 20.4%，“授权发明专利”增长 29.8%，“提供智库决策、解决重大问题”增长 15.2%。

协同创新成效的“质”“量”提升，表明江苏高校协同创新中心建设重心正向高质量发展目标方向逐步转变，为下一个建设期的高质量建设发展打下坚实基础。

第二章

江苏高校协同创新中心发展情况分析

一、江苏高校协同创新中心评价指标体系构建及测算总体情况

本次分析对象为江苏高校协同创新计划立项、培育建设的75家协同创新中心和工程技术中心(共76家,由解放军陆军工程大学牵头建设的卫星通信与导航协同创新中心因数据涉密,故未统计在内),分析数据来源于江苏高校协同创新计划2017—2019年度进展统计汇总表及2020年的二期绩效评价统计表。

(一)评价方法

从国内近几年的研究现状来看,针对技术创新绩效评价开展的研究较多,选择的评价方法也不统一,各种评价方法都有其应用的局限性,也有其特殊性,现总结运用频率较高的几种方法。

(1) 数据包络分析法(DEA)

数据包络分析法是近年来评价创新绩效时最常用的一种方法,它最早由Farrell于1957年提出,但没有受到重视。直到1978年Charnes和Cooper提出了第一个DEA-CCR模型后,该方法才得到了广泛重视,进而不断地涌现出新的模型和理论。数据包络分析法可以用于计算在多投入和多产出情况下投入产出的相对有效性,具体来说,就是在实现相同产出的情况下实际投入越大投入产出效率就越低。数据包络分析法的主要特点是不需要具体的投入产出生产函数,从而避免了由错误的生产函数所带来的问题。[8]

(2) 主成分分析法(PCA)

主成分分析法是由美国学者 Pearson 对非随机变量引入的研究方法,后由霍特林将此方法推广到随机向量的研究中,它的核心思想是将多个指标通过线性转换的方式选出可替代原指标的数量较少但较重要的综合性的指标。[9]这种方法简化了多个指标对技术创新绩效进行计算和分析的过程,但简化后的指标仍涵盖了原指标所包含的大量信息,因而对样本数据的要求非常高。[10-11]

(3) 层次分析法(AHP)

层次分析法是绩效评价研究中较为常用的方法,它是由美国运筹学家 Saaty 于 20 世纪 70 年代提出的一种系统分析的运筹学方法。它模拟了人的思维过程,将问题条理化、层次化,构成一个递阶的多层次的分析结构模型,分为方案层(最低层)、准则层(中间层)和目标层(最高层),适用于具有定性的或定性和定量相结合的决策分析。但在层次分析法中,指标体系的构建需要足够多的有经验的专家的支持,因为如果给出的指标不合理则得到的结果也就不准确。因此,层次分析法通常用于计算指标的权重,并与其他评价方法相结合对目标进行评价。

(4) 模糊综合评价法

模糊综合评价法是在 1965 年由美国学者 Zadeh 根据"隶属函数"的概念提出的。它根据模糊数学的隶属度理论把定性指标转化为定量指标,即用模糊数学对受到多种因素制约的事物或对象做出一个总体的评价,一般用于评价单个对象。模糊综合评价法能够较好地解决模糊的、难以量化的问题,但其评价过程依靠的都是人的主观判断。因此,此种方法适用于指标数据难以获取而研究组织中又有专家系统支持的实践研究。[12]

(5) 密切值法

密切值法是一种可应用于多目标决策的综合评价方法。它首先计算出需要评估的创新项目的最优方案和最差方案,两个方案所对应的数据分别是最优数据和最差数据,然后应用欧氏距离的概念,计算出待评估的各个项目方案的实际数据与最优数据、最差数据之间的欧氏距离,从而得出各个方案的密切值,通过比较密切值的大小来评价方案的优劣。密切值法克服了评价中的不确定性,并且无需确定评价函数,避免了由错误函数带来的误差;但密切值法没有确定各评价指标的权重,因此可能致使结果不够客观。

除此之外,德尔菲法、灰色关联度分析法、人工神经网络评价法、灰色综合评价法也在创新绩效评价中得到了广泛的应用。近几年，更出现了将几种评价方法综合运用的组合评价法，例如层次分析法和模糊综合评价法组合等。

（二）指标设定

为便于分析，将科学前沿、文化传承创新、行业产业和区域发展四种类型的75个协同创新中心（以下简称“中心”）分为理工类和文科类两组，其中理工类组63个，文科类组12个。

结合教育部、科技部印发的有关科技评价等相关文件的最新要求和江苏高校协同创新中心的建设目标、实际发展情况，根据江苏高校协同创新计划年度进展统计汇总表中的现有数据，以突出分析重点、方便统计计算为原则，通过专家咨询筛选出“人才引进与培养”“科研创新能力”“科研创新成果”“科研创新成效”“社会服务与贡献”5项最能反映中心建设进展与成效、最具有代表性的指标对75个中心进行评价。将理工类、文科类中心分组评价，在二级指标选取方面也结合文理类中心特点进行适当调整：(1)人才引进与培养方面，下设“国家重大人才工程入选者”“获省级以上人才计划”“获省级以上团队”4个二级指标；(2)科研创新能力方面，选取“新增科研经费”作为二级指标；(3)科研创新成果方面，下设“国际权威期刊论文”“国内一流期刊论文”“授权发明专利”3个二级指标；(4)科研创新成效方面，下设“国家级科技奖励”“省部级科技奖励”2个二级指标；(5)社会服务与贡献方面，理工类主要体现在“经济效益”方面，文科类主要侧重“提供智库决策解决重大问题”方面。

（三）权重赋值

结合理工类、文科类中心的建设特点，在咨询专家意见的基础上，运用德尔菲法对指标权重进行了确定；指标及权重的遴选及确定仅基于现实，采用操作性相对较高的方式反映部分客观情况，并不能全面、完整地体现所有中心发展的侧重点。具体测评指标见表2-1、表2-2。

表2-1　理工类中心测评指标表

评价指标	数据指标	权重
人才引进与培养	院士	0.3
	国家重大人才工程入选者	0.4

续表

评价指标	数据指标	权重
人才引进与培养	获省级以上人才计划	0.15
	获省级以上团队	0.15
科研创新能力	新增科研经费	1
科研创新成果	国际权威期刊论文	0.5
	国内一流期刊论文	0.2
	授权发明专利	0.3
科研创新成效	国家级科技奖励	0.8
	省部级科技奖励	0.2
社会服务与贡献	经济效益	1

表 2-2　文科类中心测评指标表

评价指标	数据指标	权重
人才引进与培养	院士	0.3
	国家重大人才工程入选者	0.4
	获省级以上人才计划	0.15
	获省级以上团队	0.15
科研创新能力	新增科研经费	1
科研创新成果	国际权威期刊论文	0.4
	国内一流期刊论文	0.4
	授权发明专利	0.2
科研创新成效	国家级科技奖励	0.5
	省部级科技奖励	0.5
社会服务与贡献	提供智库决策 解决重大问题	1

（四）计算方法

因数据指标的单位不同，为消除数据指标间单位和尺度差异的影响，使每个数据指标被同等看待，需要对数据指标进行归一化处理，使所有数据指标计算值均在[0,1]之间。此次选用最大最小值法对数据指标进行标准化

处理，即

$$\text{某中心某单项指标得分}=\frac{\text{原始数据}-\text{该项数据中心最小值}}{\text{该项数据中心最大值}-\text{该项数据中心最小值}}\times(100-\text{基准值})+\text{基准值}$$

其中，对于数据分化比较大的指标（例如“新增科研经费”等），通过对数函数 $y=\log10(x)$，将原始值进行映射后再采用最大最小值法对数据指标进行归一化。

某评价指标得分表计算方式为单项数据指标得分乘以其权重后求和，即

$$\text{某中心某指标得分}=\sum\text{某中心单项数据指得分}\times\text{权重}$$

（五）测算结果及总体情况分析

按照测评指标中的数据指标要求，从 2017—2019 年江苏高校协同创新计划年度进展统计汇总表及 2020 年二期绩效评价统计表中筛选所需数据，获得数据指标原值，经数据归一化处理、加权求和、排序赋值，获得文理类中心测评结果，得出江苏高校协同创新发展总指数。

理工类总体指数得分较高的中心为：南京大学“固态照明与节能电子学协同创新中心”“软件新技术与产业化协同创新中心”，东南大学“先进土木工程材料协同创新中心”，河海大学“水安全与水科学协同创新中心”，南京师范大学“地理信息资源开发与利用协同创新中心”，苏州大学“纳米科技协同创新中心”。

文科类总体指数得分较高的中心为：南京大学“区域经济转型与管理变革协同创新中心”，江苏师范大学“语言能力协同创新中心”。

通过将“人才引进与培养”“科研创新能力”“科研创新成果”“科研创新成效”“社会服务与贡献”5 个一级指标指数及总指数由低到高排序，形成了理工类中心指数分布图和文科类中心指数分布图（见图 2-1、图 2-2）。

通过理工类中心指数分布图可以清楚地看出：(1)总指数在 70～80 分的区间内分布相对较为平滑、集中，说明理工类中心总体发展相对较为平衡、竞争激烈；(2)总指数分布图两端突峭，说明在理工类中心中表现特别优异和相对较为缓慢的中心协同创新成效差距较大；(3)“人才引进与培养”“科研创新成效”两条指标指数分布曲线位置明显低于其他曲线，说明理工类的

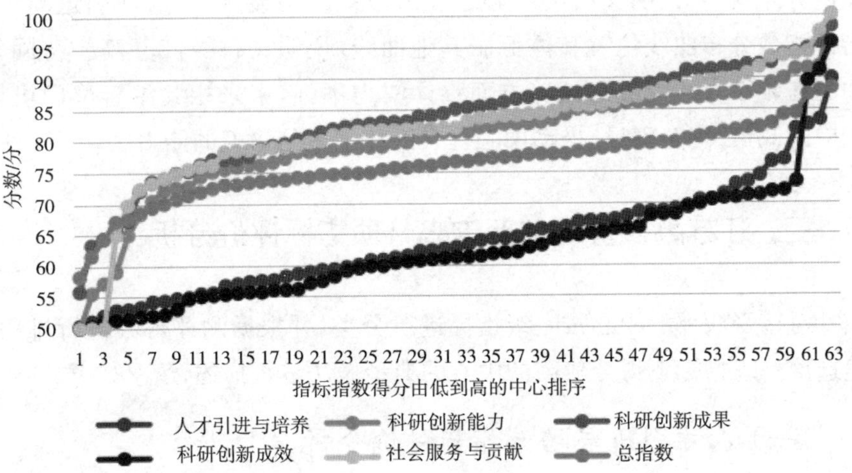

图 2-1　理工类中心指数分布图

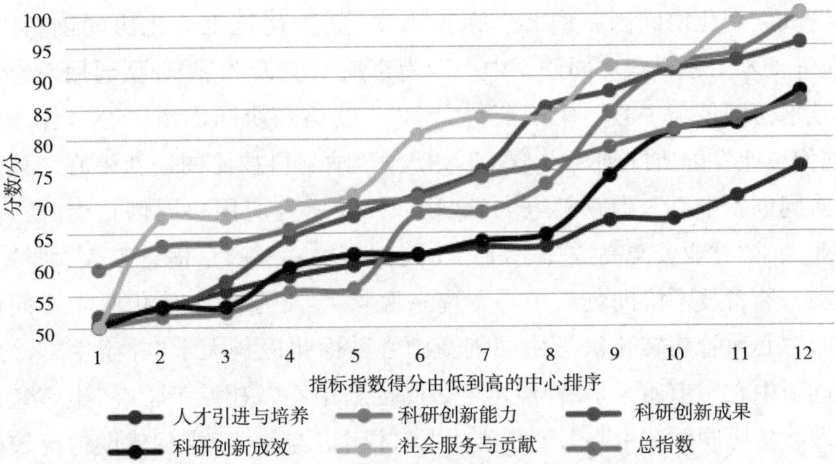

图 2-2　文科类中心指数分布图

江苏高校协同创新中心在领军人才引进与培养及标志性成果产出方面存在明显短板，未来相关主管部门可通过相应的政策、资金引导，推动中心提升人才汇聚与培养及产出标志性成果的能力；(4)“科研创新成效”指标指数发生断层，说明极个别中心在此项指标的发展上明显优于其他中心，未来相关主管部门可采取实地考察、总结典型做法等方式将其成果经验在全省范围内进行推广。

通过文科类中心指数分布图可以清楚地看出：(1)总指数在 60～90 分区

间内分布均匀，说明文科类中心建设成效差距明显；(2)“人才引进与培养”指标指数分布曲线位置整体低于其他曲线，说明文科类江苏高校协同创新中心在领军人才引进与培养方面整体实力不强，未来相关主管部门可通过相应的政策、资金引导，推动中心提升人才汇聚与培养的能力。

二、江苏高校协同创新中心分项指标评价分析

对接受测评的中心按一级指标进行分类，并根据测评得分进行排序后，遴选该一级指标下得分较高的中心的典型做法进行描述，情况如下。

（一）人才引进与培养指标评价分析

理工类中“人才引进与培养”指标建设情况较好的中心包括南京大学“固态照明与节能电子学协同创新中心”“软件新技术与产业化协同创新中心”“气候变化协同创新中心”，东南大学“新型建筑工业化协同创新中心”“先进土木工程材料协同创新中心”，南京航空航天大学“轻型通用航空飞行器技术协同创新中心”，中国药科大学“生物医药协同创新中心”，江南大学“现代工业发酵协同创新中心”，苏州大学“纳米科技协同创新中心”“放射医学协同创新中心”，南京邮电大学“物联网技术与应用协同创新中心”，南京林业大学“林业资源高效加工利用协同创新中心”，南京信息工程大学“大气环境与装备技术协同创新中心”，南京医科大学“肿瘤个体化医学协同创新中心”“心血管病转化医学协同创新中心”，徐州医科大学“肿瘤生物治疗协同创新中心”，南通大学“神经再生协同创新中心”，盐城工学院“生态建材与环保装备协同创新中心”；文科类中“人才引进与培养”指标建设情况较好的中心包括苏州大学“新型城镇化与社会治理协同创新中心”，江苏师范大学“语言能力协同创新中心”，南京艺术学院、常州工学院“文化创意协同创新中心”。

(1) 固态照明与节能电子学协同创新中心

截至2020年，南京大学推出“登峰人才支持计划”，按照长周期、高标准、严考核、高激励的原则，延揽高层次领军人才，培养青年杰出人才。在第二建设期内，该中心依托各协同单位，从海内外引进高层次人才6名。

该中心通过各类国家、地方及单位的系列人才计划，已从国内外汇聚了一批优秀人才，形成了16个技术研发组，是由162名固定研究人员、12名科

研保障及服务人员、362 名研究生以及若干名博士后流动人员组成的科研队伍，内含院士 10 名、国家重大人才工程入选者 40 余人；共有国家自然科学基金委创新群体 4 个、教育部创新团队 1 个、科技部创新团队 1 个、国防科技创新团队 1 个和省级双创团队 5 个。

(2) 气候变化协同创新中心

该中心围绕既定核心科学问题和五大主要创新平台方向积极开展人才队伍建设，在协同体内外招聘不同层次、不同类别的研究人员。与此同时，中心特别重视科研一线年轻骨干人员队伍的建设，打破部分单位通常推荐资深研究人员的传统，在重点研究领域，向协同单位"点名"招聘具有特别专长的年轻科研人员，例如气候变化与大气污染的影响与应对研究领域的王海鲲教授，其围绕核心科学问题和创新平台任务建成了一支极具活力和创新思想的人才梯队。

在第二期建设期内，中心内 3 个学术团队获得国家自然科学基金委员会创新研究群体资助，新增科技部创新团队 1 个、省部级创新团队 5 个。人才培养方面，新增中国工程院院士 1 人、国家重大人才工程入选者 8 人次、省部级以上人才计划入选者 13 人次。

(3) 生物医药协同创新中心

该中心针对各类、各级人才设立了培育项目和基金，并取得显著成效。在第二建设期内，新增中国科学院院士 2 人、国家重大人才工程入选者 3 人次、省部级及以上各类高层次领军人才 15 人次；新增省级科技创新团队 3 个；造就了一批基础研究和产业发展互通的专门人才；共吸引约 300 名优秀国内外青年学者从事高水平博士生学位研究，共联合培养具有丰富实践创新能力的博士生 120 人、专业学位研究生 100 名、本科生 650 名、卓越制药工程师 220 名，其中国际学生 50 人，为我国医药产业的可持续发展提供人才支撑。牵头单位与南京大学和先声药业共同开展本科生命理科基地班建设；与恒瑞、先声、圣和、石药等企业开展全日制专业硕士联合培养计划；与恒瑞、先声、圣和、上海医药工业研究院等单位联合开展卓越工程师本科研究生培养计划，协同单位成为校外实习实践基地；与南京大学鼓楼医院、南京市第一医院等合作开展临床药师培养实训等人才培养计划；中心内高校选聘中心内企业高级管理人员和技术专家为产业教授，加速"产学研"的人员流动。

(4) 神经再生协同创新中心

该中心实施"人才集聚工程"，瞄准神经科学前沿，以凝练研究方向为引领，以高水平人才团队为支撑，以国际化合作为途径，坚持培养与引进相结合，以协同增效为目的，积极为优秀人才施展才华搭建“平台”。在第二建设期内，中心的人才团队建设成效突出，中心首席科学家顾晓松院士当选中国医学科学院首批学部委员、中国生物医学工程学会副理事长及中国医院协会临床新技术应用专业委员会主任委员。团队新增国家重大人才工程入选者 18 人次，另有 16 人次获得各类省部级人才称号；新增科技部重点领域创新团队 2 个、江苏高等学校优秀科技创新团队 1 个、江苏省双创计划团队 2 个、江苏省“六大人才高峰”创新人才团队 1 个、上海市教委重点核心创新团队 1 个。

(5) 肿瘤生物治疗协同创新中心

在第二建设期内，该中心已引进和培养省级以上人才 116 人次，包括中国工程院院士 1 人、国家重大人才工程入选者 17 人次、省部级及以上人才计划入选者 25 人次。

团队建设方面，该中心包含国家自然科学基金委员会创新研究群体 1 个、省双创团队 1 个、省医学创新团队 2 个、省高校科技创新团队 1 个。

(6) 语言能力协同创新中心

该中心在第二建设期内引进中科院院士 1 人，培养欧洲科学院外籍院士 1 人，新增国家重大人才工程入选者 9 人次，入选省部级人才计划 11 人。

该中心组建“细胞分子语言学”“临床语言学”创新团队，获批江苏省高校优秀科技创新团队(系统发育与比较基因组学团队)和江苏省“青蓝工程”优秀教学团队(中国现当代文学团队、汉语国际教育团队)。

(二) 科研创新能力指标评价分析

理工类中“科研创新能力”指标建设情况较好的中心包括南京大学“软件新技术与产业化协同创新中心”，东南大学“新型建筑工业化协同创新中心”“先进土木工程材料协同创新中心”，南京航空航天大学“航空航天先进制造技术协同创新中心”，河海大学“水安全与水科学协同创新中心”，南京农业大学“肉类生产与加工质量安全控制协同创新中心”“现代作物生产协同创新中心”“有机固体废弃物资源化协同创新中心”，苏州大学“纳米科技协同创新中心”“血液学协同创新中心”“放射医学协同创新中心”，南京师范大学“地理信息资源开发与利用协同创新中心”，南京邮电大学“有机电子与信息显示协同创新中心”“物联网技术与应用协同创新中心”，南京信息工程大学“气象灾害预报预警与评估协同创新中心”，南京工业大学“膜材料与膜过程协同创新中心”，徐州医科大学“肿瘤生物治疗协同创新中心”，淮阴工学院“岩盐与凹土资源深度利用协同创新中心”；文科类中“科研创新能力”指标建设情况较好的中心包括南京大学“区域经济转型与管理变革协同创新中心”，南京财经大学“现代粮食流通与安全协同创新中心”，江苏师范大学“语言能力协同创新中心”。

（1）水安全与水科学协同创新中心

在第二建设期内，该中心对重大科技任务的承担能力明显提升。中心专家主导并负责“十三五”国家重点研发计划“水资源高效开发利用”重点专项的顶层设计、实施方案编制，以及 2016—2019 年所有共 7 批次项目指南的编制工作。该中心呈报了关于加强流域水安全保障的建议，得到国家领导人批示，已转至科技部，拟设立为“十四五”国家重大科技专项；主导的国家重点研发计划“长江黄河等重点流域水资源与水污染综合治理”重点专项已确定启动。主导编制了国家自然科学基金长江水科学研究联合基金指南，并于 2020 年启动实施。中心新增重大科研项目 204 项，经费总计超 8.6 亿元，其中牵头承担国家科技计划重大重点项目 54 项，涵盖了几乎所有国家重大涉水工程关键技术问题。

（2）肉类生产与加工质量安全控制协同创新中心

该中心围绕肉品质量安全基础研究、肉类安全生产技术研发、肉品加工新技术和装备研发、肉品安全监测及风险评估技术研究、肉类生产加工技术集成转化等五个方向，开展了系统协同的研究。在第二建设期内，该中心新增国家级项目 29 项、省部级项目 38 项、重大横向项目 4 项，承担了“十三五”重点研发计划“中式传统肉制品绿色制造关键技术与装备研发及示范”等项目 4 项（课题 7 项）、“973 计划”项目 1 项、国家自然科学基金重点项目 2 项、农业部集成基地建设项目 1 项、其他项目 60 余项，总经费达 2.1 亿元。

（3）现代作物生产协同创新中心

该中心以江苏主要农作物产业发展的重大科学问题和技术需求为牵引，以满足江苏及周边经济发达地区主要粮食与经济作物产业发展为动力，以农作物高产优质高效生态安全生产为目标，在第二建设期内承担国家级项目 91 项、省部级科研项目 201 项，立项经费 5.3 亿元，其中牵头主持国家重大专项 18 项、国家重点研发项目 5 项、国家转基因重大专项 2 项、国家自然科学基金重点重大项目 5 项、国家自然科学基金重大研究计划集成项目 1

项、国家自然科学基金联合基金项目3项、国家自然科学基金重大研究计划培育项目2项等。

（4）纳米科技协同创新中心

该中心经过第二期建设，承担国家重大任务、区域重大项目的能力显著提升。在第二建设期内，中心累计承担各类科研项目327项，获批资金5.38亿元；其中国家级、省部级科研项目269项，经费4.82亿元，包括主持科技部重点研发计划项目4项、国家自然科学基金创新研究群体项目1项、中国共产党中央军事委员会科学技术委员会国家重大科学研究项目1项，参与国家自然科学基金基础科学中心项目1项。由苏州工业园区支持，协同单位中国科学院苏州纳米技术与纳米仿生研究所协同苏州大学、中国科学技术大学共同建设了纳米真空互联大装置（Nano-X），其是面向纳米领域、真空环境下集多种功能设备为一体的互联系统，于2019年6月顺利通过一期验收。同时与华为海思、中兴、腾讯等国内龙头企业开展研发合作，未来拟投资15亿人民币，以吸引更多重大科技团队和企业共同合作。

（5）血液学协同创新中心

在第二期设期内，该中心紧密围绕“血栓与止血”、“血液系统恶性肿瘤”和“造血干细胞移植”这三个主攻方向，在血液学协同创新的许多方面都取得了突出的成绩。该中心积极申报各级、各类重大科研项目，新增各类科研项目169项，获批科研经费3.9亿元，其中国家级科研项目110项，包括国家重点研发计划、国家自然科学基金重点项目和重点国际（地区）合作研究项目等重大项目21项。

2019年，以中心建设为依托，苏州大学附属第一医院和北京大学人民医院各自获批建设国家血液系统疾病临床医学研究中心，苏州市政府为苏州国家临床医学研究中心匹配建设资金1.5亿元，吸引更多强势科研团队的加入，提升了中心的竞争力。

（6）放射医学协同创新中心

该中心坚持以放射医学重大科学问题为基础，以国家重大需求为导向，以行业产业需求和重大任务为牵引，以提升行业产业科技创新能力为宗旨，集合国内放射医学及交叉学科的重要研究机构，推进协同创新中心与行业产业的合作，形成能够满足放射医学行业产业发展需求、多学科融合、“产学研”一体化的协同创新机制，促进放射医学高端复合人才培养，旨在把中心建成国际知名的放射医学研究中心和引导行业发展的研发中心。

在第二建设期内，该中心新增省部级及以上项目151项，包括：国家自然科学基金重大项目1项、重点项目5项，国家重点研发计划专项7项，核科学挑战专项1项，“十三五”核能开发项目3项，核设施退役及放射性废物治理项目1项，获批科研经费5.19亿元。

(7) 现代粮食流通与安全协同创新中心

该中心通过制定《重大科技成果培育计划实施办法》等管理文件，培育承担重大科研项目，产出重大科研成果。在第二建设期内，中心新增省部级及以上科研项目127项，经费总额突破1.05亿元。南京财经大学作为项目牵头单位，承担了“食品安全检验在线质控系统研究”“粮油质量安全过程保障与追溯技术集成与示范”等两项“十三五”国家重点研发计划食品安全重点专项项目；鞠兴荣教授、陆颖健教授作为项目负责人，分别承担了国家重点研发计划项目“粮食产后‘全程不落地’技术模式示范工程”和“食品安全风险分级评价预警与现代监督执法技术的应用示范”；协同单位国家粮食局科学研究院、河南工业大学作为项目牵头单位或项目负责人单位，承担了国家重点研发计划项目3项。中心承担国家重大科研任务的能力持续增强。

(三) 科研创新成果指标评价分析

理工类中“科研创新成果”指标建设情况较好的中心包括南京大学“软件新技术与产业化协同创新中心”，东南大学“新型建筑工业化协同创新中心”，南京理工大学“社会公共安全科技协同创新中心”，南京航空航天大学“航空航天先进制造技术协同创新中心”，河海大学“水安全与水科学协同创新中心”“沿海开发与保护协同创新中心”，苏州大学“纳米科技协同创新中心”，南京师范大学“地理信息资源开发与利用协同创新中心”，南京邮电大学“物联网技术与应用协同创新中心”，南京林业大学“林业资源高效加工利用协同创新中心”，南京信息工程大学“气象灾害预报预警与评估协同创新中心”，南京工业大学“膜材料与膜过程协同创新中心”，徐州医科大学“肿瘤生物治疗协同创新中心”，常州大学“先进催化与绿色制造协同创新中心”，盐城师范学院“滩涂生物农业协同创新中心”，扬州大学“动物重要疫病与人兽共患病防控协同创新中心”，淮阴工学院“岩盐与凹土资源深度利用协同创新中心”；文科类中“科研创新成果”指标建设情况较好的中心包括南京财经大学“现代粮食流通与安全协同创新中心”，江苏师范大学“语言能力协同创新中心”，南京艺术学院、常州工学院“文化创意协同创新中心”。

(1) 软件新技术与产业化协同创新中心

在第二建设期内，该中心形成了“一个体系、两个切入点、三个层次内涵和六方面关键技术”的重要科研创新成果。一个体系：智能化、可成长的新一代网构化软件理论与技术体系；两个切入点：软件方法学、机器学习；三个层次内涵：元级化与网构化的软件方法学、智能化和可信化的关键支撑技术、普适化和自然化的基本应用模式；六方面关键技术：可信的软件自适应与可成长技术、机器学习与智能化软件支撑技术、融合化的分布式应用支撑技术、领域化语义化的媒体内容处理技术、未来网络与信息安全技术、面向国防军事系统的自主可控软件技术。结合上述成果，该中心发表高水平论文超过 1 900 篇，其中 CCF-A 类期刊会议 518 篇。许多论文获得国内外同领域专家的高度认可，获 CCF-A 类会议 PLDI、ASE、ISSTA 与 *IEEE* 学报、“中国科技期刊卓越行动计划”领军期刊 *NSR* 等的杰出/最佳论文奖共 20 次；41 篇学位论文获奖，包括江苏省优博 6 篇、ACM 优博 5 篇、CCF 优博 4 篇、CAAI 优博 4 篇；授权专利 478 件，转让/许可专利 105 件，合同额近 1 500 万；共承担 14 项国家标准(牵头 2 项)、1 项行业标准、多项企业标准的制定工作。

(2) 新型建筑工业化协同创新中心

在第二建设期内，该中心深入开展工业化建筑技术、智慧建造与运维技术及理论创新；在装配式混凝土“非等同现浇”理论、极端荷载下装配式结构抗连续倒塌理论、工程结构区域分布光纤传感与健康监测、混凝土结构非接触式检测评估与高效加固修复等领域取得重要进展，加快了行业转型升级，推动工业化建筑与智能建造行业的发展，为发展“融基建”“新基建”等奠定坚实基础。中心积极申请专利和编制标准，推动成果转化与产业技术发展，高度重视“产学研”深度融合，授权相关发明专利 236 件，主参编各类标准、规范、规程和导则 28 部，完成重大科研成果转化 146 余项，仅在江苏省内，直接带动产业新增产值超过 28 亿，提供了重要的技术与标准依据；发表高水平论文和出版专著，扩大影响力并奠定行业地位，发表 SCI 论文 528 篇(国际一流期刊论文 275 篇)，出版系列专著 20 多部，吴智深教授、徐世烺教授、吴刚教授等入选“中国高被引学者”(Highly Cited Chinese Researchers)榜单。

(3) 航空航天先进制造技术协同创新中心

该中心围绕航空航天制造技术发展的重大需求，突破了整体叶盘精密电解加工技术与装备、钛铝金属间化合物叶片电解加工技术与装备、多能量场耦合/复合特种加工理论与装备技术基础、抗疲劳制造与自适应加工、轻质高强难变形复杂钣金构件的精确成形工艺与装备、高性能精确成形过程建模仿真与优化关键技术、微纳尺度条件下材料加工去除理论与技术等技术难题；面向航空航天功能结构的创新组合/复合加工技术、航空航天关键部件与系统智能钻铆技术与装备、武器装备研制多机器人协同装配技术；面向智慧工厂航天结构件混线生产实时优化协同管理技术，复杂武器装备制造过程建模、仿真与优化等理论问题和关键技术 12 项，成果显著。中心新增转让/许可专利 41 件，专利技术入股 15 项，总经费 4 446.8 万元，与江苏企业联合申报立项江苏省成果转化项目 10 项；主持制定行业标准 2 项，参与编写国际标准 1 项、国家标准 1 项；发表高水平学术论文 1 500 余篇，入选"中国高被引学者"2 人。

(4) 气象灾害预报预警与评估协同创新中心

该中心通过协同攻关，突破气象灾害预报预警与评估的核心科学与技术瓶颈，在灾害性天气气候事件形成机理、气候预测新理论和新方法等方面取得了一系列重大创新成果。在第二建设期内，中心发表国际权威期刊论文 1 927 篇（其中 *Science* 1 篇、*Science Advances* 3 篇、*Nature Climate Change* 4 篇、*Nature Communications* 4 篇、*Nature Geoscience* 1 篇），发明专利 65 件、实用新型专利 209 件；为我国的气候与环境治理提供决策咨询，为有效防控气候与气象灾害及大气污染、促进生态文明建设、服务地方经济社会发展发挥强有力的智力支撑作用，2 篇咨询报告获国务院领导批示，4 篇获江苏省和气象局领导批示，3 篇被教育部采纳，2 篇被中央党校、江苏省政协采纳。

(5) 膜材料与膜过程协同创新中心

该中心创建了限域传质膜概念，完善了面向应用过程的膜材料设计制备与应用理论框架；开发出陶瓷纳滤膜、MBR 膜、透醇膜、中空纤维分子筛膜、卷式纳滤膜、碳化硅气固膜、PTFE 复合膜等新型膜材料，新建生产线 10 余条；在 $PM_{2.5}$ 超低排放、黑臭河治理、VOC 回收等方面新建示范工程 120 多个，促进了过程工业节能减排，实现资源化利用。在第二建设期内，该中心在 *Nature*、*Nature Communications*、*Angewandte Chemie International Edition*、*Advanced Functional Materials* 等高水平期刊上发表论文 552 篇，其中在化工三大刊上发表论文 64 篇，在膜领域顶级期刊 Journal of Membrane Scienoe 上发表论文 104 篇；授权中国发明专利 169 件，授权国际专利16件；制定国家标准8项、行业标准4项；出版专著10部，编制工程院咨询报告2项。

（6）肿瘤生物治疗协同创新中心

该中心研发的人源化CAR-T系列产品实现了临床转化应用，已完成289例血液肿瘤患者的临床治疗，总体有效率为81%，达到国际先进水平，与以色列最大医院Laniado签订800万美元CAR-T技术转让协议。中心注册登记CAR-T细胞临床试验18项，为全国最多；CAR-T细胞制备与临床应用通过美国AABB国际认证，为国内首家通过此项国际认证的单位，为国家药监局药品审评中心制定《免疫细胞治疗产品药学研究与评价技术指导原则（试行）》提供意见。中心建立具有自主知识产权的病毒包装体系，从60多个OAV产品中筛选得到12个抑瘤显著的产品，其中携带3个治疗因子的OAV抑瘤率超过80%，该产品目前已完成中试，正开展临床前体内药效学和毒理学评价。在第二建设期内，中心发表SCI论文446篇，其中JCR一区147篇。

（四）科研创新成效指标评价分析

理工类中"科研创新成效"指标建设情况较好的中心包括东南大学"现代城市交通技术协同创新中心"，南京航空航天大学"航空航天先进制造技术协同创新中心"，河海大学"重大基础设施安全保障协同创新中心"，南京理工大学"社会公共安全科技协同创新中心"，南京农业大学"肉类生产与加工质量安全控制协同创新中心"，江南大学"食品安全与质量控制协同创新中心"，中国矿业大学"矿山智能采掘装备协同创新中心""老工业基地资源利用与生态修复协同创新中心"，南京师范大学"地理信息资源开发与利用协同创新中心"，南京邮电大学"有机电子与信息显示协同创新中心"，南京信息工程大学"气象灾害预报预警与评估协同创新中心"，南京工业大学"先进生物制造协同创新中心"，南京中医药大学"中医药防治肿瘤协同创新中心"，淮阴师范学院"区域现代农业与环境保护协同创新中心"，扬州大学"动物重要疫病与人兽共患病防控协同创新中心"，淮阴工学院"岩盐与凹土资源深度利用协同创新中心"，南京审计大学"审计信息工程与技术协同创新中心"，江苏建筑职业技术学院"建筑节能与建造技术工程技术中心"；文科类中"科研创新成效"指标建设情况较好的中心包括南京大学"区域经济转型与管理变革协同创新中心""中国文学与东亚文明协同创新中心"，南京艺术学院、常州工学院“文化创意协同创新中心”。

（1）现代城市交通技术协同创新中心

该中心被定位为行业产业类中心，主要任务是基于城市交通大数据，面向城市交通信息化、智能化的发展新趋势，以重点项目为抓手，以重大产品为导向，以重大成果为目标，聚焦四大创新任务：①城市综合交通信息的采集与融合的技术与标准化；②城市综合交通信息的集成应用系统软件与标准化；③面向城市交通缓堵解决方案的平行交通系统集成技术；④基于车-路协同的公交主干线快速通行控制技术。围绕上述目标任务，中心积极组织开展协同攻关。在第二建设期内，中心获得省部级及以上科技奖励 25 项，其中“高速公路警情监测预警与公安交通安全执法关键技术及应用”获 2017 年度国家科技进步奖二等奖，“城市多模式公交网络协同设计与智能服务技术及应用”和“大范围路网交通协同感知与联动控制关键技术及应用”获 2018 年度国家科技进步奖二等奖，“基于全息感知的公安交通管控与协同指挥关键技术及应用”获 2019 年度国家科学技术进步奖二等奖。

（2）重大基础设施安全保障协同创新中心

在第二建设期，该中心瞄准重大基础设施安全保障国家战略的需求，推进高校、科研院所，以及华设设计集团股份有限公司等 4 家企业协同单位的“产学研”深度融合，促进创新要素和产业要素的对接，推进大数据、人工智能赋能新基建，通过协同攻关突破重大基础设施安全保障领域重大共性关键核心技术：①复杂地形基础设施抗震关键技术。该技术破解了复杂地形地震动输入工程抗震瓶颈难题，提出了“V”形河谷土石坝和跨江大桥场址震害评价方法，研发了低成本、短工期的病险土坝抗震加固技术和区域性风险防御技术。将成果应用于强震区 856 座病险土坝的抗震加固和苏通长江公路大桥等重大工程项目中，相关成果获国家科学技术进步奖二等奖 1 项和教育部科学技术进步奖一等奖 1 项。②重大基础设施智慧监测与运维关键技术。该技术突破了复杂结构系统的安全运行智慧监测管养和诊断容错控制技术瓶颈，提出了集长大桥梁信息化监测、风险评估、损伤修复于一体的智慧监测与运维技术，开创了复杂系统故障诊断和容错控制为一体的智慧控制理论，并成功应用于港珠澳大桥、沪苏通长江公铁大桥等 20 座大型桥梁和高铁等的运营系统，相关成果获国家技术发明奖二等奖 1 项和国家自然科学奖二等奖 1 项。③复杂环境下隧道建造智能管控关键技术。该技术突破了大直径泥水盾构过江隧道建造风险动态管控、盾构智能控制等关键技术瓶颈，实现了大数据风险预警平台软硬件体系产业化应用，相关技术形成国家规范1部、省级工法1项。成果被推广应用于南京、常州、苏州等10余座城市的30余条线路，产生了巨大社会效益和经济效益。2017年至今，该中心获得国家级、部省级科技奖34项。

(3) 食品安全与质量控制协同创新中心

该中心依照"产业规模大、集成度高、技术辐射强，创新机制活"的原则，由优势高校和科研院所相互协同，建立"入驻式""基地化"的强效合作模式，开展在"食品安全与质量控制"领域具备基础性、前瞻性和突破性的研究，形成"基础研究—应用基础研究—核心技术转化—产业化示范"一体化无缝衔接的协同创新体系，突破一批核心技术，解决一批限制我国食品产业高质量发展的关键问题，推动江苏省在全国率先建立涵盖原料、食品加工过程、流通、消费的食品全产业链的食品安全与质量主动干预和全程防控体系，全面提升食品产业安全优质供应水平，为破解制约我国食品产业可持续和高质量发展的关键瓶颈提供有力支撑。在第二建设期内，中心与合作企业共同申请并累计获得各项科技奖励20余项，其中获国家科学技术发明奖二等奖5项、省部级奖项6项。

(4) 矿山智能采掘装备协同创新中心

该中心以"需求引导、解决问题、汇聚资源、科研创新"为宗旨，充分整合协同单位之间的"产学研用"优势资源，在智能化采煤装备、重型刮板输送机、大型带式输送机、超千米深井提升机、大吨位提升容器、矿山智能机器人等方面进行了深入研究，突破了一批关键技术。中心牵头研发的"矿山超大功率提升机变频智能控制技术与装备"获2017年度国家科学技术进步奖二等奖，"复杂地形下长距离大运力带式输送系统关键技术"获2019年度国家科学技术进步奖二等奖，"煤矿井下智能化采运关键技术"获2020年度国家技术发明奖二等奖。此外，在第二建设期内，中心还获省部级一等奖4项、二等奖6项，行业协会一等奖4项。

(5) 老工业基地资源利用与生态修复协同创新中心

该中心在资源枯竭矿区资源利用、环境多源监测、塌陷低效土地修复与再利用等方面进行了深入研究，取得了一批理论成果与关键技术突破。中心首创采煤沉陷区"建设利用、农地复垦、景观修复、生态网络建设"四位一体的"三生(生产、生活、生态)空间"协同修复技术，形成了资源枯竭矿区土地再利用与生态系统修复的"贾汪模式"，潘安湖塌陷区生态修复示范工程获得了习近平总书记的高度评价；主持起草的自然资源部《山水林田湖草生态保护修复工程技术导则》在全国推广应用。中心牵头研发完成的“煤层气储层开发地质动态评价关键技术与探测装备”获 2017 年度国家科学技术进步奖二等奖，参与研发完成的“地质工程分布式光纤监测关键技术及其应用”获 2018 年度国家科学技术进步奖一等奖，“土地调查监测空地一体化技术开发与装备研制”和“InSAR 毫米级地表形变监测的关键技术及应用”获 2018 年度国家科学技术进步奖二等奖，“煤矸石山自燃污染控制与生态修复关键技术及应用”获 2019 年度国家科学技术进步奖二等奖。此外，在第二建设期内，中心还获省部级一等奖 2 项、二等奖 8 项，行业协会一等奖 2 项。

(6) 区域经济转型与管理变革协同创新中心

该中心在第二期建设中全面推进学术类研究和政策性研究，并多次获奖。在第八届高等学校科学研究优秀成果奖的评选中，中心获得一等奖 1 项、二等奖 4 项。其中，洪银兴教授凭借著作《现代经济学大典》获得一等奖，这是江苏省内唯一获得一等奖的经济类著作。《现代经济学大典》以中国改革发展的实践为背景，以中国经济学的理论发展为线索，以解读中国奇迹之“谜”为己任，是一部向世界展示中国经济学研究蓬勃发展和中国经济学者不懈探索的鸿篇巨制，力求把中国经济学推向世界，让中国道路、中国理论、中国制度为世界所知、所享。

在学术研究成果屡获嘉奖的同时，第二建设期内，该中心着力建设的高端智库也卓有成效，获得决策咨询类成果的各类奖项 5 项，体现了中心研究成果在整个长三角领域的影响力。

（五）社会服务与贡献指标评价分析

理工类中“社会服务与贡献”指标建设情况较好的中心包括东南大学“先进土木工程材料协同创新中心”，南京理工大学“先进微纳米材料及装备协同创新中心”，江南大学“现代工业发酵协同创新中心”，苏州大学“放射医学协同创新中心”，南京师范大学“生物医药功能材料协同创新中心”“地理信息资源开发与利用协同创新中心”，南京邮电大学“有机电子与信息显示协同创新中心”，南京林业大学“南方现代林业协同创新中心”“林业资源高效加工利用协同创新中心”，南京工业大学“先进生物制造协同创新中心”，常州大学“先进催化与绿色制造协同创新中心”“光伏科学与工程协同创新中心”，苏州科技大学“水处理技术与材料协同创新中心”，淮阴师范学院“区域现代农业与环境保护协同创新中心”，扬州大学“粮食作物现代产业技术协同创新中心”，江苏海洋大学“海洋生物产业技术协同创新中心”，江苏工程职业技术学院“先进纺织工程技术中心”；文科类中“社会服务与贡献”指标建设情况较好的中心包括东南大学“公民道德与社会风尚协同创新中心”，南京师范大学“区域法治发展协同创新中心”“立德树人协同创新中心”。

（1）先进土木工程材料协同创新中心

该中心在国家重点研发计划，国家自然科学基金重大项目、重点项目及国家自然科学基金杰出青年基金等众多项目的支撑下，在超高性能混凝土、收缩裂缝控制和耐久性提升等方面取得了系列原创突破，技术成果被应用于港珠澳大桥沉管隧道、兰新高铁等国家重大工程，解决了我国多个重大工程的关键材料技术难题。

该中心的成员单位——江苏苏博特新材料股份有限公司和建华建材（中国）有限公司，均是江苏区域代表性企业。江苏苏博特新材料股份有限公司作为行业领先的新型土木工程材料供应商，在防水与修复材料、交通工程材料等功能性产品的研发和推广方面不断取得新突破，在第二建设期内已成为我国混凝土外加剂行业龙头企业，被认定为国家高新技术企业，并获“全国制造业单项冠军示范企业”等荣誉称号。2017 年 11 月 10 日，公司在上海证券交易所主板挂牌上市，正式登陆资本市场，引领了行业发展。建华建材（中国）有限公司通过协同体开发的免蒸压、免烧结等创新技术，引领我国水泥制品行业的产业转型升级。公司在协同期内产值增加 420 亿，产品销售面覆盖东南亚及周边各国。

该中心还开放共享大型仪器设备，中心内的国家级及省部级重点实验室均面向全国高校和企业开放，并通过开放基金为全国该领域内的广大青年科研人员提供平台与资助。此外，协同中心还通过“固废大讲堂”、“助力企业、共渡难关”、全国公开课等一系列讲座，在社会层面开展公益性科普工作。

（2）先进微纳米材料及装备协同创新中心

该中心为联合国危险品常任专家成员单位和国际经济合作与发展组织不稳定物质专家成员单位，主办了 2019 年民爆行业技术发展与安全管理高端论坛等多场国际会议和研讨会，积极代表国家参与国际危险品管理法规的制定工作，制定粉尘防爆安全规程等国家/行业标准。2018—2020 年，中心为各级政府、企事业单位，以及航空、物流等行业培训危化品处置人员 2 万人次，累计培训人数占全行业总人数的75%以上，为我国民用爆破器材行业的健康稳定发展提供了坚实的保障。

该中心围绕主要研究方向，以原始创新攻克行业系列瓶颈技术，取得了一系列代表国际一流水平的原始成果。中心首次制得室温下稳定、含有N_5^-离子的盐，以及全氮五唑阴离子的钠、锰、铁、钴和镁盐水合物功能材料，引领新型超高能量密度材料研究的发展。中心攻克了钛铝合金室温脆性大和服役温度低这两大世界性难题，实现了强度、塑性和蠕变抗力的优异结合与跨越提升。

该中心始终以重大科研任务为牵引，组建国内顶尖的协同团队，在人力资源、实验条件、经费配套等方面密切合作，积极推动"产教"融合。中心在微纳米功能材料、金属结构材料、异种金属材料增材制造等领域产出一批军民两用技术创新成果，并经江苏金鑫电器有限公司、扬州龙川钢管有限公司等骨干企业转化应用，新增利润约28亿元，新增销售额400多亿元。

(3) 有机电子与信息显示协同创新中心

该中心与京东方科技集团有限公司（以下简称京东方）合作承担了国家重点研发计划"8.5代印刷OLED显示产业化示范"项目，取得了多项柔性AMOLED显示技术突破，协助京东方建成了中国首条、全球第二条柔性AMOLED生产线，量产了高品质柔性曲面OLED显示屏，打破了韩国在柔性OLED面板市场的垄断格局。京东方成都第6代柔性AMOLED生产线良品率稳步提升，已实现为华为等一线品牌客户供货。2019年，柔性OLED面板出货量居世界第二，产值逾百亿元。

该中心基于与南京浦口经济开发区在前期签订的《产业联盟组建框架协议》，建立了南京浦口先进材料研究院，以"开发区引领、学校支持、企业参与、团队运作"的模式独立运营，致力提高OLED科技成果的转移转化效率，并与宁波激智科技股份有限公司、昆山龙腾光电股份有限公司、南京亿浦先进材料研究院有限公司、南京先丰纳米材料科技有限公司、美国ACS Materials公司、江苏博睿光电股份有限公司等共建产业联盟，推进OLED关键材料和装备制造的联合研发与市场拓展，实现专利技术成果转让20余项。

该中心孵化企业宁波卢米蓝新材料有限公司（以下简称卢米蓝公司）荣获第七届中国创新创业大赛新材料行业总决赛初创企业组冠军，并已完成B轮战略融资，投资方包括小米科技有限责任公司在内的国内多家投资机构。

该中心与卢米蓝公司合作攻关科技部"高效OLED蓝光材料与器件"和工信部"高性能OLED热活化延迟荧光(TADF)"等项目，有效解决了蓝光材料效率低、稳定性差和高亮度下的器件效率滚降等"卡脖子"问题，研制了大容量有机光电材料量产与纯化设备和OLED制造装备，并实现OLED材料量产，已向相关显示面板企业提供原材料，产生了显著的社会效益和经济效益，获得科技部相关领导的积极评价。

(4) 区域现代农业与环境保护协同创新中心

该中心选育的"淮麦""淮稻"系列品种大都成功转让并成为当地主栽品种，为保障粮食安全、促进地方种业发展作出了重要贡献。该中心开发了系列生态种植、生态养殖、农业废弃物综合利用技术，有力提升了地方相关产业竞争力。例如，"设施连作障碍绿色防控关键技术"推广面积606余万亩①，新增效益24.7亿元；着眼于生态渔业，聚焦生态品牌，提升洪泽湖特色水产品牌价值，凸显社会、经济效益优势。其中，"洪泽湖大闸蟹"这一地理标志品牌，在2020年的品牌价值为154.28亿元，位居全国水产品第二；"洪泽湖河蚬"的2019年品牌价值为1.02亿元，居淡水贝类之首，占据日韩市场80%以上的份额，"洪泽湖河蚬"增养殖示范区获全球首家ASC(水产养殖管理委员会)淡水贝类养殖场认证。

该中心连续多年编制发布《洪泽湖水环境卫星遥感监测年报》，为洪泽湖渔业管理和环境保护提供依据，被科技部纳入国家地球科学数据共享服务平台。该中心提供咨询建议等7项。其中，由第三攻关组首席科学家谢松光研究员开展的"南水北调东线湖泊鱼类生物入侵研究"于2017年获时任副总理批示；以中心PI——淮阴师范学院张飞教授为第二执笔人的有关乡村振兴战略的调研报告于2019年被中宣部内参刊物采用后获中央主要领导批示。

(5) 公民道德与社会风尚协同创新中心

该中心采用智力"外脑"与党政"内脑"协同创新，形成无缝对接党政部门尤其是江苏省委宣传部、江苏省文明办决策需求的"嵌入式"咨询服务模式：深度参与江苏"三强三高"文化战略的制定，特别是道德风尚高地建设的论证与推进；首席专家参与谋划江苏文脉整理与研究工程，担任副总编和研究主编；首席专家还出任江苏省美德基金会理事长(法定代表人)；中心受委

① 1亩≈666.7平方米。

托独立承担制定南京市“十四五”儿童发展规划任务。

中心的伦理道德发展数据库和研究成果产生了重要的学术和社会影响。首席专家樊和平教授作为2018年度全国社会科学基金评审会的五位专家之一，作出专题发言，时任中央领导听取了发言。中心在《人民日报》《光明日报》《新华日报》等主流媒体发表多篇理论文章，就小康社会伦理内涵、社会主义核心价值观深化培育、引领社会风尚、江苏文脉工程建设、疫情背景下文化发展战略、美丽江苏建设等贡献理论成果。

疫情期间，中心撰写报告《举行系列纪念活动，在疫后文化康复中推进民族文化复兴》，向中央建议实施以为牺牲者和死难者举行国葬等抗疫纪念活动为切入点的国家文化战略，这一报告被《光明日报》内参采纳。针对老龄化问题，中心与南京市有关社区合作探索更具伦理温度的养老模式创新实践。中心成员作为特邀嘉宾走进江苏卫视《德行天下》节目推广伦理道德发展理念，并曾多次应邀赴德国等学术研究机构介绍和交流中心的研究成果。

(6) 区域法治发展协同创新中心

该中心人员受江苏省司法厅等政法机关委托，对法治社会建设展开专门研究，为制定《江苏法治社会建设指标体系(试行)》奠定了坚实的理论基础，提供了有力的理论指导。该指标体系经江苏省委全面依法治省委员会审议通过，印发全省施行，为全国首创，得到了全国普法办的充分肯定和高度评价。中心先后在江苏省委宣传部《智库专报》、中国法学会《成果要报》《新华日报》智库专栏、江苏省社会科学院《决策咨询专报》等报刊上发表决策咨询报告166篇，其中有27篇受到省级领导批示。何雨、徐琴研究员撰写的《区域协调合作发展的江苏经验：来自苏宿工业园区的启示》获省领导的肯定性批示。

该中心人员在2018年受江苏省人大常委会委托，负责大运河文化带建设立法调研工作，为大运河文化带建设、地方立法工作提供智力支持和决策参考。《大运河文化带建设法律与立法问题研究》获批江苏省哲学社会科学基金重大委托项目，中心人员撰写的《关于大运河文化带建设地方立法的若干思考》获江苏省人大常委会领导批示；《大运河文化带建设的江苏路径》获省级领导批示；《世界运河立法保护与法治化管理江苏共识》被2018年世界运河城市论坛采纳。

该中心人员就区域法治发展中的热点问题在《人民日报》、《光明日报》、

《中国社会科学报》、《经济日报》、《法治日报》(曾用名《法制日报》)、《新华日报》等报刊中发表文章，共计150篇，获得了较大的社会反响，产生了良好的文化辐射、科学普及和社会服务效应。

(7) 立德树人协同创新中心

在第二建设期内，该中心面向国家和地方重大需求，强化立德树人政策研究，为国家提供系列政策咨询建议并受到采纳。该中心承担《中国人民共和国学前教育法》的编制调研工作；受中央文明办委托参与国家未成年人思想道德建设指导性意见的起草工作；咨询报告《创新体制机制　从农民工大国走向技工大国的建议》《教育重大政策落实情况评估报告》获时任教育部部长批示，《国内外加强青少年学生国际素养教育的实践经验及相关建议》获时任教育部副部长批示；调研报告《新时代大中小学劳动教育现状调查报告》《新时代大中小学劳动教育课程体系研究报告》为教育部《大中小学劳动教育指导纲要(试行)》的研制和《中共中央 国务院关于全面加强新时代大中小学劳动教育的意见》的起草提供了决策依据；咨询建议《关注青年网络社会责任感》被教育部社会科学司采纳并上报中宣部；《资本风口下民办幼儿园管理规范问题研究》《学前教育作为公共服务体系的研究》《分类改革背景下民办学前教育良性发展面临的问题、风险及对策》等近20份咨询建议分别被教育部基础教育司、发展规划司等采纳，同时配合学前教育政策宣传解读，撰写《学前新规落地，政府挑起发展大梁》等专家解读文章；主持研制《江苏省义务教育阶段“适合的教育”实施状况研究报告》，获时任江苏省教育厅厅长批示，并在全省发布。

三、江苏高校协同创新中心评价指标体系探讨

关于本次评价工作，不足之处主要有以下几点：(1) 评价数据来源于2017—2019年江苏高校协同创新计划年度进展统计汇总表及2020年的二期绩效评价统计表，该进展统计表数据由各中心自行填报，部分中心所填报数据的真实性有待进一步核实，进而会对评价结果造成影响。(2) 本次评价依靠量化指标分析，不能全面反映实际建设成效，建设成效质量评价的科学性有待进一步提高(如科学前沿类的中心，其获得国家级科技奖励的难度较高；论文方面，未能区分质量高低等)。

针对以上两点不足，在后续研究中可采取以下方法进一步完善评价过

程：(1)开展对江苏高校协同创新计划年度进展统计表的数据审查工作，以确保数据真实可靠；(2)完善年度进展统计指标，补充质量指标，如“国家级科技奖励”指标下可具体统计“一等奖”“主持”项数等；(3)增加专家评议环节，以评审不易被数字量化的质量指标，同时为减轻专家评审压力，可以结合测评结果仅对综合评价排名前20%和后20%的中心进行复评。

第三章

江苏高校协同创新中心典型成果

面向"两个一百年"奋斗目标，在国际环境日益复杂、不稳定性明显增加的大背景下，党中央从战略高度，对科技创新提出了"坚持面向世界科技前沿、面向经济主战场、面向国家重大需求、面向人民生命健康"的新要求，吹响向科学技术广度和深度进军的号角。江苏高校协同创新中心主动融入制造强国、健康中国、乡村振兴、平安江苏等国家战略和区域重大需求，着眼于"十四五"时期加快科技创新的迫切要求，以"四个面向"为科技创新导向，充分发挥协同创新机制优势与江苏高校科技人才禀赋，以高校为枢纽，汇聚社会优质创新资源，创新协同增效机制，打造引领社会发展新增长极。江苏高校协同创新中心聚焦原始创新能力，在一些领域和方向实现从 0 到 1 的突破；加快了科技成果转化，助力行业产业转型升级；创新拔尖人才培养机制，培育出了合格的新时代社会主义建设者和接班人；有力推动了区域行业高质量发展，提高了人民生活品质，助力区域构建新发展格局等，不断增强创新发展第一动力，抢占未来经济科技发展的先机；以创新发展，为实现"经济强、百姓富、环境美、社会文明程度高"的新江苏奋力书写合格答卷。

一、聚焦制造强国，引领产业集群创新发展

制造业是实体经济的主体，是国民经济的支柱，是人民幸福安康的物质基础。建设制造强国，是主动应对新一轮科技革命和产业变革的重大战略选择，是实现"两个一百年"奋斗目标和中华民族伟大复兴的中国梦的战略支撑。江苏高校协同创新中心紧紧抓住由制造大国向制造强国转变发展的关键期，在新一代信息技术产业、大型机电装备、航空航天装备、新材料等制

造强国重点领域深入开展协同创新，研制了一批具有开创性的科研仪器与技术装备，承担了一批代表国内领先水平的重大项目工程，为制造强国战略提供了有力支撑。

(1) 苏州大学纳米科技协同创新中心——柔性光电子材料/器件与装备的制造与产业应用

以有机电致发光器件(OLED)为代表的柔性光电技术与装备制造是半导体、显示、传感交互、新功能材料等领域开展创新的支撑性技术，是柔性光电子材料/器件研发不可缺少的先进手段，受到全球相关领域研究者的重视。纳米科技协同创新中心以打造“国家急需、世界一流”的纳米创新体系为目标，积极促进创新要素和产业要素有机对接，发展和创新纳米技术以解决区域经济和社会发展的关键问题。面向新型显示重大应用需求，积极探索协同运行机制、资源整合与配置的深度融合方式，推动基础研究、技术创新、装备研制和材料/器件应用的协同研究，在柔性光电技术与装备的生产与应用方面产出了多方面成果。

突破科学技术关键问题。中心纳米光电器件团队孵化平台——江苏省集萃有机光电技术研究所开发出我国第一条 G2.5 代 OLED 照明蒸镀生产线，其主要性能已达到国外同类产品水平，属国内首创，借此打破国外垄断，已通过江苏省工信厅的技术鉴定，并且获得了第三方的采购意向，为我国 OLED 生产线国产化奠定了基础。由微纳柔性制造团队孵化企业——苏州苏大维格科技集团股份有限公司自主研发的高性能柔性透明传感膜工程产线(3.2 万平方米)，攻克了柔性电路板无蚀刻工艺，高精度柔性触控屏已成为产业巨头的首选，是推动智慧终端产业变革的核心部件。团队自主建立了双面纳米压印高光效超薄导光板工程产线(2 万平方米)，并于 2020 年应用于全球 1/3 的顶级品牌笔记本显示终端。纳米环保材料团队攻克了在低浓度 VOCs 低驱动力下强化富集并原位同步快速催化降解的国际难题，实现了“浓度识别/模块智能响应”处理有机挥发物超低浓度排放的深度净化效果，满足了国家打赢“蓝天保卫战”的重大战略需求。

提升区域产业竞争力。协同中心作为重要的资源汇聚平台，所有大型仪器设备均实行开放共享、有偿使用，积极向各协同单位、苏州工业园区单位提供高素质复合型人才，为提升行业和区域相关产业竞争力发挥了重要的助推作用，促进园区内纳米产业水平和规模的迅速增长。截至 2019 年底，园区的纳米技术应用产业实现产值 810 亿元，表现出了快速发展的态势，累计引进企业690家，产值超亿元的企业达121家，已有7家企业成功上市，13家企业挂牌新三板。集聚领军人才创新创业团队362个，包括院士团队17个、国家级重点人才80人，已成为国内纳米产业和人才集聚度最高的区域，跻身全球八大纳米产业集聚区，为打造现代产业体系、转换发展动能提供有力支撑。

积极参与抗击新冠疫情工作。自新冠疫情在我国发生至今，协同中心在临床诊断、科学研究、社会服务等方面，以实际行动积极参与抗击疫情工作。疫情初期，协同中心牵头单位及孵化企业苏州大学相城机器人与智能装备研究院改造完成了“人工遥控消毒车”，捐助给疫情救援队，支持防疫消杀工作；协同中心协同单位西交大孵化企业迅速完成新冠病毒诊断试剂盒的研发，向全国500多家疾控中心和医疗机构提供检测试剂和装备，向全国发送了100多万人次的核酸检测试剂，向全国提供了300多台核酸检测设备；协同中心科研团队获批教育部应急项目“等温扩增联合荧光定量试纸条快速检测新型冠状病毒产品开发与应用”、拼多多科研专项项目“开发可用于新冠病毒疫苗的无针透皮递送载体”（快速疫苗接种），对新冠病毒肺炎的治疗开展紧急研发工作。此外，协同中心团队及孵化企业还向各地红十字会等相关机构捐赠各类物资，价值超200万元，为抗疫工作贡献了力量。

（2）中国矿业大学矿山智能采掘装备协同创新中心——千万吨级矿井大型机电装备关键技术引领国家矿山装备行业发展

矿山智能采掘装备协同创新中心以“推进江苏省高端装备智能制造，引领煤机装备行业技术进步”为主要发展目标，在智能化采煤装备、重型传动与控制装备、高效运输与提升装备、矿山智能机器人四大研究方向深入开展理论和技术研究。中心紧密围绕国家建设大型现代化矿井的重大需求，通过“产学研”协同攻关，突破了千万吨级矿井大型装备关键技术，研发了千万吨级大型矿井“采煤—运输—提升”成套装备，为我国煤炭生产和能源安全提供了重要技术支撑与装备保障。

成功研制长距离大运力带式输送系统关键技术及装备。带式输送是煤炭、金属与非金属等矿山物料运输的主要方式。传统带式输送系统多采用接力运输方式，转载次数多，故障点多，污染大；在大坡度、大转弯的地形条件下甚至采用车辆运输方式，增加了运输距离和道路建设投资成本，导致生态环境破坏严重，安全问题频出，难以达到复杂地形下长距离大运力物料输送的要求，不能满足国家发展大型现代化矿山的战略需求。中心与协同单位力博重工科技股份有限公司等单位，通过“产学研”联合自主创新，突破了长距离大运力带式输送系统永磁电机直驱、沿线张力控制、空间转弯和安全保障等共性关键技术难题。

中心发明了长距离大运力带式输送系统永磁电机直驱、分布式张力调节、空间转弯等本体关键技术，永磁电机的最大额定功率达 1 600 千瓦，最大转矩倍数达 2.2，满载效率达 97.35%，与传统驱动方式相比，节能 15%～30%；将高带强条件下的最小转弯半径由 1 000 米减小到 300 米；研发了长距离大运力带式输送系统控制与监测技术，实现了带式输送系统的自适应控制、实时自主巡检和事故超前预警，输送带张力波动幅度减小了 30%～60%；发明了长距离大运力带式输送系统安全保障技术，解决了输送带反弹控制、物料防滚滑、断带抓捕保护等难题，可适应的上坡倾角提高到 38°、下坡倾角提高到 31°，断带抓捕响应时间小于 1 秒。研究成果获 2019 年度国家科学技术进步奖二等奖。

中心创新了矿山超大功率提升机变频智能控制技术及装备。矿井提升机是矿山生产的核心技术装备，长期以来，我国大功率提升机变频控制设备全部依赖进口，同时存在自动化水平低、振动大、谐波重、功率因数低、采购及后期维护费用高等问题，极大制约了现代化矿山的高效安全生产。中心与协同单位徐州中矿大传动与自动化有限公司等单位，通过“产学研”联合自主创新，研发了矿山超大功率提升机变频智能控制技术与装备，攻克了重载平稳启动、宽范围精确调速、高精度定位、整流器无网侧电动势传感器电网优化接入、低开关频率整流器柔性启动、超大功率三电平高功率密度变频调速等核心技术。

中心提出了变频驱动的大功率电机非线性控制算法，自主研发了 24 MW 中压超大功率三电平高功率密度系列变频器，实现了大型矿山提升机的重载平稳起动、宽范围精确调速；提出了整流器电网优化接入、低开关频率整流器柔性启动控制方法，构建了超大功率多电平变流器安全架构，根除了系统对电网的无功冲击，实现了变频器“绿色”电网接入；提出了提升机容器零速悬停及钢丝绳张力释放控制方法，建立了基于物联网的 4 M 远程故障预测诊断系统，形成了提升机控制系统安全保护及解决方案，为提升机无人化运行提供了技术保障。研究成果获 2017 年度国家科学技术进步奖二等奖。

中心研制出煤矿井下智能化采运关键技术及装备。采煤机、刮板运输机、转载机、破碎机等是采煤工作面核心装备，采运系统的可靠性和智能性是影响煤矿安全高效开采的重要因素。中心与协同单位中煤科工集团下属企业宁夏天地奔牛实业集团有限公司，通过“产学研”联合自主创新，研发了智能化采运技术和装备，攻克了采煤机自主导航和自适应截割、运输系统分级破碎、采运装备协同控制等技术。

中心发明了以煤层地理信息为导航图、以惯导定位为导控点的采煤机自动驾驶技术，提出了采煤机自主定位和割煤路径规划新方法，解决了在无GPS信号的地下空间中采煤机精准导航的问题，突破了井下采煤机三维坐标动态精准定位技术，定位精度超越了国外同类采煤机；发明了刮板输送机导轨姿态自动检测、自动调直成套技术，提出了动态调直基准算法和纠偏调控量优化算法，实现了刮板输送机导轨自动调直，直线度控制精度达到50毫米/100米，替代了人工调直的烦琐操作，解决了智能采煤机割煤作业连续快速推进的难题；发明了采区煤流运输智能化关键技术和装备，攻克了“采煤—煤流装载—破碎—转载—运输”智能协作技术，创建了煤流分级破碎与运输新系统，解决了变流量、变块度煤流易堵塞、运量低的难题，实现了采煤工作面煤流采运装备协同调控，工作面单机运量达到1 500万吨/年。

中心研发的千万吨级大型矿井“采煤—运输—提升”成套装备，具有完全自主知识产权，打破了德国西门子、瑞士ABB、美国JOY等公司在高端煤机领域的垄断，极大地提升了国产大型矿山装备的竞争力和社会影响力。通过“产学研”协同攻关，为协同单位企业转型升级提供了强有力支撑。

(3) 东南大学新型建筑工业化协同创新中心——开创“智能建造-智慧运维”新领域新方向，推动建筑工业化新发展

新型建筑工业化协同创新中心围绕新型建筑工业化急需的学科发展，进行系统创新、集成、示范，向产业应用推广，并进行创新人才培养。中心融合土木、交通、信息、计算机、仪器科学与技术、材料等学科进行交叉，组建了“智慧建造与运维国家地方联合工程研究中心”，以推动相关建造、设计、管养等技术朝着智能化、自动化、信息化的方向发展，形成覆盖建筑工程全生命周期的智能建造体系，实现“新基建”背景下的“智慧”建筑工业化。

中心构建了“平台构建—技术研发—成果落地—产业孵化”链式递进型协同创新体制机制。中心形成了“权益风险共担，重大项目攻关”的关键技术研发组织模式：以产业关键问题为导向，以项目为牵引，以机制为保障，建立基于绩效评估的岗位设置与分配制度、权益共享与风险共担的项目待遇制度，整合中心内部生产、建设和运营维护企业，建立联合体，开展协同攻

关，积极构建全领域、全方位、全要素的协同创新格局。建立面向产业需求的动态跟踪机制，保证研究方向与需求良好对接，形成科技项目，中心单位全部聚焦建筑工业化方向重点项目。中心先后承担中国工程战略咨询项目、科技部重点研发计划项目等重大项目 396 项，形成复杂造型工业化建筑、新型框架钢结构、大跨度钢-混凝土组合连续刚构桥结构、工业化建造与装备、绿色生态木竹结构、组装式大型 3D 打印等关键技术。

中心探索出“研发瞄准落地，科技孵化产业”的重大成果转化与企业孵化机制：建立“研发基地＋技术转移”的运行机制，采取“市场化机制、企业化运作”的方式，不断推进“产学研”合作的载体建设，与中亿丰建设集团股份有限公司合作形成整体装配式结构，与无锡地铁合作落地国内首个装配式地铁车站，中心单位中国建筑工程总公司在火神山、雷神山医院建造过程中的快速装配式建筑技术领先世界，获国内创新奖；建设了东南大学-中民筑友装配式建筑、东南大学-中核华兴智慧建造、东南大学-永鼎智在云 BIM 技术建设应用等一批校企联合研发中心，与东阳构建了建筑产业现代化校地联合研发中心等，总经费超过 3 500 万，服务于企业实际科研需求和一线成果转化，带动江苏省产业新增产值超过 28 亿元；构建“科技—孵化—产业”有机联合和无缝对接的管理模式，加速科技成果落地，积极探索新型研发机构建设模式，仅牵头单位获批土建领域备案新型研发机构 6 家，直接孵化企业 57 家。

中心开创多种“非等同现浇”体系，填补结构性能灾害演化研究领域的空白，破解建筑工业化规模推广的难题。聚焦“配筋—连接—体系”三层次受力机理，完善了既有的“等同现浇”装配式结构设计理论：首次提出多种高效配筋技术，如大直径、集束配筋等，提升了传统结构的预制和连接效率；融合高性能混凝土材料，完善和创新研发了装配整体式节点连接，阐明了拼接区钢筋搭接的多层次传力机理；研发了全装配式框架-剪力墙结构体系和高层装配式盒式结构体系，并验证了其安全性与适用性。

中心突破传统装配模式，研发了多种“非等同现浇”新型装配式体系：基于半刚性、预应力、组合节点等新型连接形式，系统研发了多种“非等同现浇”装配式结构体系，实现了体系的易装配、高性能和可修复等目标；开展了“局部连接—构件节点—整体结构”三层次实验研究，揭示了此类结构的传力机制和破坏原理；提出了适用的“非等同现浇”力学模型和设计理论，建立了“整体需求—局部需求”的迭代设计方法。

中心面向极端灾害和恶劣环境，填补灾害作用下装配式结构性能演化研究领域的空白：针对高烈度地区装配式结构抗强震问题，提出了基于超高韧性材料和消能承载构件的新节点体系，建立了基于考虑连接缺陷的新设计方法；针对极端/偶然荷载下的装配式结构抗连续倒塌问题，研究了结构的大变形力学行为机理和整体稳固性提升技术；针对恶劣环境下装配式结构侵蚀问题，研究了“界面—节点—结构”的侵蚀传输机理和性能退化规律，提出了装配式结构全寿命设计理论。

成果得到广泛应用：中心首创集束连接剪力墙技术并且将该技术应用于南京丁家庄二期等多个保障房项目，累计应用面积超百万平方米；滚压成型灌浆套筒系列产品在北京、上海、南京等城市百余个项目中的应用已超五百万套，综合效益显著。成果获第 47 届日内瓦国际发明金奖，成果被纳入《装配式混凝土建筑技术标准》《钢筋混凝土装配整体式框架节点与连接设计规程》等 6 部国家/行业/地方标准；中心成员主编出版了《新型建筑工业化丛书》和《装配式建筑丛书》，出版了《装配式混凝土建筑技术基础理论丛书》（国家出版基金项目），获得国家科学技术进步奖一等奖（创新团队）、国家技术发明奖二等奖 3 项和国家科学技术进步奖二等奖 1 项。

（4）南京大学固态照明与节能电子学协同创新中心——推进宽禁带半导体新材料、新结构、新器件创新发展

发展半导体固态照明与新兴节能电子技术是应对当前能源挑战行之有效的重大举措，紧紧围绕国家重大战略需求。固态照明与节能电子产业属战略性新兴产业，目前正在进入高速发展阶段，有巨大的技术发展潜力和市场开拓空间。江苏省是工业大省，用电量远高于全国平均水平，节能减排刻不容缓，发展新兴节能电子技术对推动江苏省半导体产业发展意义重大。

中心以“领先江苏、争雄全国、面向世界”为目标，集中力量、联合攻关，促进江苏固态照明与节能电子产业升级和结构优化，并使协同创新中心发展成为具有国际一流水平的固态照明与节能电子学研究中心和创新转化高地。同时，中心汇聚固体照明与节能电子学领域的国内外一流人才，构建国际一流科学研究队伍，打造半导体节能技术国际合作中心；构建“产学研”合作桥梁，形成“政产学研”联合创新集群，为成果转化和产业化提供坚实支撑。

助推江苏产业引领全国发展。中心深耕科技产业高地，通过优势互补、资源整合共享、风险与利益分担、科研协同攻关等方式解决不同单位、不同

领属之间的壁垒问题。在国家“973”重点研发计划项目的支持下，中心研制出多种新型高能效 GaN 基 LED 发光器件、MicroLED 显示芯片，发明了有效提升外延质量的图形化蓝宝石衬底新技术和外延生长新方法，制备出部分质量指标达到国际领先水平的氮化物半导体外延材料，建立了较为完善的氮化物半导体大失配异质外延技术体系，并实现了产业化应用，达到国际先进水平；联合创新，实现产业化发展，建成以半导体深紫外产品为核心、布局下游产品的百亿元以上深紫外产业集聚区，成为全国半导体产业发展的新高地。中心协同国家半导体照明工程研发及产业联盟秉承“合作、共赢、创新、发展”的原则，致力于支撑政府决策，构建产业发展环境，整合创新资源，促进形成产业创新生态体系。中心积极参与国家科技政策研究咨询工作，开展科技发展战略研究工作，参与了国家科技部“面向 2035 年的材料领域科技发展战略研究”工作，积极推动团体标准制定；支撑地方政府产业转型升级，面向产业开展标准化培训研讨，提升企业标准化能力，加速了行业技术的推广应用。中心坚持创新引领，推动半导体照明战略性新兴产业发展，取得了累累硕果。2019 年，我国半导体照明产业行业总产值约为 7 548 亿元，全年增速约 2.4%。在中心的推动下，江苏省固态照明和第三代半导体产业从无到有，目前产业规模占全国的 1/4，年产值超过 1 500 亿元，相关企业数居全国第一，投资总额为全国第一，已形成了较完整的产业链。

攻克宽禁带半导体材料系列关键技术，创新性实现狄拉克半金属能带半导体材料及其异质结构。中心在石墨烯、过渡金属硫族化合物、狄拉克量子材料的电子输运、性能调控与高性能电子器件研究上取得了多项突破性成果，包括中红外可调谐光开关器件、谷电子晶体管及二维电子器件，满足了国际半导体技术路线图对低功耗逻辑晶体管的要求。中心成员在 *Nature Nanotechnology* 等自然/科学子刊发表系列高水平论文，有关研究成果获 2017 年度国家自然科学奖二等奖；中心攻克了材料生长难题，打破了国外对我国核心技术的禁运，坚持需求导向和问题导向，开展科技创新，解决“卡脖子”关键技术难题，以实现关键技术自主可控，在半导体这一重要产业领域逐步领先于世界水平。中心成员攻克了高品质/高空穴浓度的 AlGaN 材料制备难题，成功研制吸收/倍增分离、极化增强的 AlGaN 日盲紫外雪崩光电探测器，并在国内首先实现了 GaN 基紫外探测器的产业化，实现了多型号紫外探测器件的批量供应。针对散射介质成像研究，中心成功突破了全日盲紫外成像技术，这打破了国外对我国核心技术的禁运，使我国成为全世界第二个掌握该技术的国家；进一步创造性地利用全日盲紫外成像技术定位，在全球范围内首次提出“日盲紫外破雾引航”。相关成果获得国家科学技术发明奖二等奖。

（5）南京航空航天大学航空航天先进制造技术协同创新中心——攻克航空发动机关键部件制造“卡脖子”难题，实现工艺装备自主可控

现代战机的研制和生产对国防安全至关重要，是一个国家工业发展程度和综合实力的重要体现。面对新一代战机综合性能与隐身性能的需求，结构新材料和难加工材料的大量应用、大量复杂曲面精密加工、结构薄壁及大尺寸制造等一系列制造技术及设备成为新一代战机研制和生产的瓶颈。这些核心问题包含了基础研究、关键技术攻关和型号研制等不同环节的重大科学问题和关键技术难题，对基础研究、预先研究、型号研发、生产制造全过程的协同创新能力有着极高的要求。

中心以国家重大需求为牵引，面向国家大型飞机、新一代战机与无人机、高推重比航空发动机、运载火箭等国家未来航空航天高端装备制造的重大需求，针对高性能特种加工、高效精密机械加工、微细制造、数字化制造等方向的重大理论、科学问题和关键核心技术，深入协同、联合创新，研发具有国际领先水平的航空航天零部件制造装备与工艺。

中心协同创新了任务牵引、进出有序的人员聘用机制。以航空发动机和燃气轮机“两机”科技重大专项、民机专项科研、强基工程和军委装备发展部，以及各军兵种的技术需求为牵引，联合中心的航空航天制造龙头企业，辐射航空航天制造类的主要研究院所、企业和高校，紧密合作，充分论证航空航天制造技术领域内的基础研究、前沿技术和关键技术，依托协同创新中心进行具有针对性的研究团队整合及项目申报和实施。

整体叶盘等复杂整体构件是发动机最为核心的关键部件，其结构复杂，叶型薄且扭曲，加工材料难，对精度和表面质量的要求高，已成为航空发动机研制和批产的瓶颈问题。由中心主任朱荻院士领衔的航空航天先进制造技术创新团队针对航空航天发动机复杂型面制造的迫切需求，深入系统地研究了精密电解加工技术，提出复杂型面流场主动控制方法等一系列创新技术，解决了航空发动机研制和生产过程中零部件的制造难题。根据航空航天发动机整体叶盘、扩压器等重要零部件的制造需求，由西安航空发动机（集团）有限责任公司等协同单位提出需求，针对研制这类零部件的瓶颈问题，由中心作为连接桥梁，根据用户需求，发布攻关难点，在中心内部寻找相

关课题技术，成立研制团队，整合优势资源，采用精密电解加工技术解决叶盘等零部件的制造难题，提高了加工效率，降低了制造成本，最终解决了航空发动机复杂型面零部件的制造难题，为国家在发动机研制上作出了重要贡献。

中心创新了一批关键性核心制造技术。中心提出复杂型面流场主动控制方法，发明了动态辅助供液、全轮廓均匀供液、分区域主动供液等流场形式，掌握了流速、压力等流场特性参数沿流程的分布规律，消除了传统侧流方式中存在的被动分流、流量不均、流线杂乱等问题，实现了复杂型面精密稳定电解加工，提升了复杂型面加工的稳定性。该项关键技术获授权发明专利 4 件，完成了新型导弹发动机叶片的加工，大幅提高了生产效率，显著降低了制造成本，电解加工叶片已装机。中心提出了等截面叶片类构件高效套料电解加工技术，阐明了非平衡态下侧向溶解演变机理，发现了电流密度在侧面间隙内非线性变化规律，控制侧面间隙内杂散电场，提高了套料电解加工精度、效率和工件表面完整性，该项关键技术获授权发明专利 4 件。中心研制出我国大型军用运输机辅助动力装置扩压器试件，将生产效率提高了 4 倍；研制出具有自主知识产权的复杂型面电解加工机床装备，包括复杂型面叶栅通道电解加工机床和型面精密电解加工机床；开发出多轴数控系统，实现工具阴极空间进给轨迹控制；研制出全轮廓均匀供液叶栅通道套料电解工装、动态辅助供液叶栅通道电解工装等，掌握核心工艺规律，实现了航空发动机压气机叶片、扩压器等复杂型面零部件的高效精密电解加工，研究成果对高推重比航空发动机的研制和批产具有重要意义。

中心的研究成果被成功应用于我国多种新型发动机关键零部件的制造中，满足了对航空发动机研制的迫切需求。研究成果已被株洲格斯特动力机械有限责任公司应用，制造出新型导弹发动机静子叶片，并已装机，大幅度提高了生产效率，显著降低了生产成本，综合效益显著；已被中国航发沈阳黎明航空发动机有限责任公司应用，研制出某升级型发动机第 8 级压气机叶片，该类叶片的精度要求为目前发动机叶片之最，加工的叶片满足设计要求，已被用于该型发动机的研制；已被中国航发哈尔滨东安发动机有限公司应用，研制出大型运输机辅助动力装置扩压器，加工时间由铣削加工的 42 小时减少至电解加工的 8.3 小时，生产效率提高了 4 倍，满足该型扩压器批量生产研制周期的要求；已被航天科技六院 7103 厂应用，研制出长征五号运载火箭助推器发动机煤油预压泵叶栅试件，有效减少点蚀问题，改善了叶片锥度和加工效率。中心研发的技术和装备可应用于各种军用、民用涡扇发动机和先进涡轴发动机等新型航空航天发动机的关键零部件制造，具有广泛和重要的社会效益和国防效益。在成功攻关一批“卡脖子”技术的基础上，中心在2017年度获航空航天先进制造技术国防科技创新团队奖，是该年度航空、航天、兵器、核能等全国国防行业四个获奖团队之一，也是制造领域唯一的获奖团队；2019年度获批国家自然科学基金创新群体。

(6) 南京理工大学先进微纳米材料及装备协同创新中心——打造成为代表国家水平的军民两用技术协同创新高地。

火炸药是一类特殊能源(材料)，也被称为含能材料，具备封闭体系、能量快速释放、高温、高压的特性，是现代热兵器的起源与始祖，是武器发射、推进、毁伤不可或缺的化学能源，在一个可以预期的时间段内具有不可替代性。然而，近代以来中国的含能材料技术远远落后于西方大国。中心围绕微纳米材料领域的科学前沿问题、行业瓶颈技术和装备研发需求，组建了集国际化、高水平、融“产学研”合作于一体的协同创新平台，整合高等学校、研究院所、龙头骨干企业等单位的科技创新资源，构建了涵盖基础研究、技术应用、成果转化等多方面需求，同时融合国内外创新要素的创新平台保障体系，立足服务区域经济社会和国防科技工业发展，引领微纳米材料及含能材料的发展方向，推进我国含能材料领域整体实力进入世界前列。

强化原始创新，含能材料研究领跑全球。新型超高能含能材料是国家核心军事能力和军事技术制高点的重要标志。全氮类物质具有高密度、超高能量及爆轰产物清洁无污染等优点，是新一代超高能含能材料的典型代表。目前，该领域的研究热点之一是全氮阴离子的合成，由于制备全氮阴离子的前驱体芳基五唑稳定性较差，加上全氮阴离子自身不稳定，致使采用常规方法获取全氮阴离子非常困难。自1956年首次合成芳基五唑以来，对于制备稳定存在的全氮阴离子及其盐的研究一直没有取得实质性进展。中心团队发挥军工特色优势，加强原始创新，全力开展对全氮类物质的探索，攻克了芳基五唑制备过程中选择性化学切断的技术难点，在世界上首次成功获得了室温环境下稳定的全氮阴离子 N_5^- 实物，解决了这一困扰国际含能材料研究领域半个多世纪的世界性难题，实现了“弯道超车”，相关成果代表中国含能材料领域被率先发表在 *Science*、*Nature* 上，引领全球第四代高能量密度火炸药的研究工作，标志着我国在含能材料领域已经从跟跑者变为领跑者，对于推动氮化学和超高能含能材料的发展，具有非常重要的科学意义和社会价值，有望突破制约我国武器装备整体性能的火炸药能量水平瓶颈，赋予下一代超高能战略战术武器强大的打击能力，成为高效毁伤武器的核心“杀手锏”，对提升我国在复杂国际形势下的战略威慑能力具有重要的意义。

献身服务国防，斩获国家最高科技奖。中心 PI——王泽山院士带领团队攻克了等模块、远射程、低过载等三项世界级重大难题，首创世界上最先进的等模块装药技术，提高了装药的作功能力和装药的燃尽性，解决了武器膛压与初速相互制约的难题，研发的全等模块装药实现了全弹道覆盖，在膛压不变的条件下射程提高 20%以上，弹道性能超过世界上最先进的高膛压火炮，实现了我国火炮装药水平从并跑到领跑世界的历史性跨越。在世界反法西斯战争胜利 70 周年的阅兵仪式上，多种中大口径武器搭载着由王泽山院士和其团队研制的我国最先进的火力系统，驶过天安门广场。其研发的多种型号装备还在“国庆 70 周年阅兵式”“上海合作组织联合反恐军事演习”等重大活动中亮相。该技术成果获得 2016 年度国家技术发明奖一等奖。一直以来，王泽山院士带领团队始终把服务国家需要和国防最大需求作为教学科研的核心使命。他把祖国需要作为自己一生的追求，在探究火炸药领域的科学原理、突破关键技术、推动转化应用及培养拔尖人才等方面作出了卓越贡献。他与火炸药这个艰苦的行业无怨无悔相伴 60 载，为强军兴国作出了卓越的贡献，荣膺 2017 年度国家最高科学技术奖（江苏省首次获奖）以及“工信楷模”、江苏“时代楷模”、江苏“最美奋斗者”等荣誉称号。

以智力创新支撑行业产业发展。中心为联合国危险品常任专家成员单位和国际经济合作与发展组织不稳定物质专家成员单位，主办了 2019 民爆行业技术发展与安全管理高端论坛等多场国际会议和研讨会，积极代表国家参与国际危险品管理法规的制定工作，制定粉尘防爆安全规程等国家/行业标准。近三年来，中心为各级政府、企事业单位，以及航空、物流等行业培训危化品处置人员 2 万人次，累计培训的人数占全行业总人数的 75%以上，为我国民用爆破器材行业的健康稳定发展提供了坚实的保障。

(7) 南京邮电大学有机电子与信息显示协同创新中心——联合攻关有机电子核心材料、关键技术和量产瓶颈，加速 OLED 产业发展

新型显示是电子信息产业的战略性和基础性产业，对推动我国经济提质、增效、升级具有重要意义。而我国长期处于“缺芯少屏”的局面，严重制约了电子信息产业的发展。OLED 具有高清、超薄、节能、大面积、易实现柔

性及三维显示等优点，是最具竞争力的颠覆性显示技术。我国是全球OLED显示制造大国，总投资规模接近5 000亿元，但是核心材料和制造装备国产化率低，关键技术长期受制于境外企业（90%的设备和50%的材料依赖进口）。我国政府明确提出要“实现主动驱动OLED（AMOLED）、柔性显示等技术国产化突破及规模应用”，“要重点发展AMOLED新一代显示量产技术，建设高世代生产线”。江苏把OLED作为电子信息产业跨越式发展的突破口，着力打造全国领先的新型显示产业集群。中心紧密围绕我国信息显示产业急需解决的系列共性关键技术和“卡脖子”重大问题，以国家重大项目为牵引，集中优势、合理分工、协同攻关，产出一批重大的标志性成果，支撑和引领行业产业技术进步。

在有机电子学基础理论、核心材料和关键技术等方面取得系列原创性重大成果。中心在有机电子学基础理论领域，提出金属有机半导体的结构设计与性能调控理念，为有机发光材料结构精准设计提供了指导原则，使有机半导体研究从经验摸索提升到理论指导，很好地解决了OLED核心材料发光性能低和稳定性差的问题，有效推动了OLED实际应用和产业化进程，相关研究成果获得2018年度国家自然科学奖二等奖。在OLED核心材料领域，中心首次制备出室温长寿命有机半导体磷光材料，开创性地设计出全色显示纳米材料，开发出一批具有自主知识产权和商业价值的高性能红绿蓝三基色OLED核心材料，引领我国OLED核心材料创新，相关研究成果获得2017年度教育部高等学校科学研究优秀成果奖（自然科学奖）一等奖。在OLED关键技术领域，中心提出了大面积柔性透明导电薄膜的高效制备工艺，开发了国内第一套有机半导体喷墨打印系统，建成了180毫米基板喷墨打印OLED中试线，为我国OLED产业的形成和发展作出了开创性贡献，相关研究成果获得2018年度教育部高等学校科学研究优秀成果奖（自然科学奖）一等奖和2019年度中国电子学会科学技术奖。

中心解决了高性能光电材料与器件制备的关键问题，开辟了有机电子与信息显示研究的新领域和新方向。中心在高性能有机半导体开发与器件应用方面，提出了有机纳米聚合物的新概念，首次研制出具有可溶性、立体选择性的聚格类纳米聚合物，开创了格芳烃纳米聚合物这一新的研究方向。针对有机半导体激发态和聚集态调控难题，中心提出了有机超长磷光材料的动态聚集结构调控，首次制备出多彩室温智能有机长余辉材料。同时，中心提出动态配位激子调控理论，开创了基于时间分辨的新型纸质文档的安全打印技术。中心开发了新型纳米探针材料，率先实现了具有计算能力和分子智能的单分子巡航机器人，解决了快速、高灵敏度、高特异性检测与治疗的难题，11 篇相关成果被发表在 *Nature Materials*、*Nature Photonics* 等国际著名学术期刊。中心在新型半导体——钙钛矿材料的开发与器件应用方面取得重大突破，提出利用自发形成的具有亚微米尺度的离散型钙钛矿实现高效光耦合输出的学术思想，攻克了高性能钙钛矿发光与显示器件制备的关键技术，器件效率首次突破 20%，并连续创造和保持了该世界纪录。中心利用有机盐钝化钙钛矿表面策略，研制出认证效率为 23.3%的钙钛矿太阳能电池，被美国国家可再生能源实验室发表的“Best Research Cell Efficiencies”收录，是中国在钙钛矿太阳能电池领域的首个世界纪录，打破了此领域世界纪录长期由国外机构垄断的格局。针对常规闪烁体合成困难、价格昂贵、发光效率低等问题，中心利用低温湿法制备高性能全色发光钙钛矿纳米晶闪烁体，开辟了有机电子学研究的新领域新方向，6 篇相关研究成果被发表在世界顶级学术期刊 *Nature* 及其子刊。中心在半导体薄膜工艺方面取得了标志性成果，发展了独特的液态金属旋涂工艺，揭示了金属钠膜的优异光波段等离激元特性；提出相位拆分原理，设计出可见光宽带连续消色差超构材料和超构表面，实现了白光照明及彩色成像，2 篇相关研究成果被分别发表在世界顶级学术期刊 *Nature*、*Science*。

“政产学研”联动，联合攻关“卡脖子”技术和 OLED 产业化瓶颈，加速产业发展。中心与京东方合作承担了国家重点研发计划“8.5 代印刷 OLED 显示产业化示范”项目，通过联合攻关，取得了多项柔性 AMOLED 显示技术突破，协助京东方建成了中国首条、全球第二条柔性 AMOLED 生产线，量产了高品质柔性曲面 OLED 显示屏，打破了韩国在柔性 OLED 面板市场的垄断格局，产值逾百亿元；建立了南京浦口先进材料研究院，以“开发区引领、学校支持、企业参与、团队运作”的模式独立运营，并与宁波激智科技股份有限公司和昆山龙腾光电股份有限公司等企业组建了产业联盟，推进 OLED 关键材料和装备制造的联合研发与市场拓展，实现专利技术成果转让 20 余项；与宁波卢米蓝新材料有限公司合作攻关科技部“高效 OLED 蓝光材料与器件”和工信部“高性能 OLED 热活化延迟荧光（TADF）”等项目，有效解决蓝光材料效率低、稳定性差和高亮度下的器件效率滚降等“卡脖子”问题，掌握了量产的关键核心技术与工艺，实现高纯度 OLED 材料量产，打破了国外 OLED 发光材料企业的专利壁垒和市场垄断，已向相关显示面板企业提供原材料并产生了显著的社会、经济效益，受到了科技部部长的积极评价。

二、面向生命健康，提高医药创新能力与生活质量

健康是促进人全面发展的必然要求，是经济社会发展的基础条件。实现国民健康长寿，是国家富强、民族振兴的重要标志，也是全国各族人民的共同愿望。工业化、城镇化、人口老龄化、疾病谱变化、生态环境及生活方式的变化，为维护和促进健康带来全新挑战。江苏高校协同创新中心依托完善“政产学研用”协同创新体系，积极推进医学科学技术进步，传承中医药事业发展，聚焦“病有所医”的目标，并不断取得新进展。在生物医药、放射医学、血液学、肿瘤防治及神经再生等方面，江苏高校协同创新中心提升了医学科学前沿问题攻关能力、新药物研发水平、高端医疗器械保障能力及中医药创新发展能力，增强了重大疾病防治的科技支撑能力，进一步提高科技创新对医药工业增长的贡献率和成果转化率。

(1) 南京医科大学肿瘤个体化医学协同创新中心——推动肿瘤个体化防控新体系建设，服务“健康中国 2030”战略

我国每年肿瘤的新发人数约 400 万，死亡人数超过 200 万，肿瘤已成为危害我国人民健康状况的“头号杀手”。由恶性肿瘤引起的死亡数长期居于各类死因之首，肿瘤不仅对人类健康造成了严重威胁，还给社会带来了沉重负担。《“健康中国 2030”规划纲要》提出，实施慢性病综合防控战略，强化慢性病筛查和早期发现，针对高发特发肿瘤开展早诊早治工作，逐步将符合条件的肿瘤等重大慢性病早诊早治适宜技术纳入诊疗常规。2019 年 7 月，国务院发布《健康中国行动(2019—2030 年)》，全面落实“健康中国”战略，其中肿瘤防治专项行动提出到 2022 年和 2030 年，总体肿瘤 5 年生存率分别不低于 43.3%和 46.6%。

肿瘤个体化医学协同创新中心以“高校牵头、政府支撑、院所协同、企业加盟”的方式组建而成，是定位于构建服务“健康中国”战略、机制体制创新、集“基础研究、医药研发、人群预防、临床诊疗”于一体的国际高水平协同创新中心。

面对肿瘤防治的重大需求，中心秉承“高起点、高水准、有特色、重实效”的协同创新原则，协同攻关绘制了中国人群高发特发恶性肿瘤遗传学图谱，填补中国人群肿瘤易感基因领域空白；开创性地建立了全肿瘤多基因遗传

风险评分技术，可显著提升肿瘤筛查效率；在国家层面联合制定了适宜我国肿瘤高危人群的筛查技术方案，早诊率达 70%，切实提高了人民群众的健康水平。一系列的成果为推进肿瘤个体化医学在肿瘤防诊治中的转化应用、加速研究成果的产业化发展提供了重要支撑。

中心开创性绘制的中国人群高发特发恶性肿瘤遗传学图谱获国家自然科学奖二等奖。我国人群遗传背景明显不同于西方国家，肿瘤发病谱也存在显著差异。为了阐明我国肿瘤发生的遗传基础，针对肺癌、胃癌等我国高发恶性肿瘤，以及食管癌、肝癌等发病数占全球 40%以上的特发肿瘤，本中心牵头全国 30 余家单位，覆盖 10 余个省市，累计收集了 20 余万例肿瘤病例。在此基础上，首次通过全基因组芯片绘制中国人群高发特发恶性肿瘤的遗传学图谱，鉴定 141 个中国人群的易感基因，这些基因决定了中国人发生肿瘤风险的个体化差异。研究成果先后被发表在 *Nature Genetics*、*Gut*、*Gastroenterology* 等国际顶级期刊，获 2018 年度国家自然科学奖二等奖。

中心研发了肿瘤高危人群识别新技术，并入选南京"2019 十项重大创新成果"。为了解决易感基因转化应用这一国际难题，本中心遗传学和统计学专家共同提出了肿瘤发病率和遗传度贡献累积的高维模型算法，开创性地建立了全肿瘤多基因遗传风险评分技术。同期，本中心基于全国 10 个地区 50 万人的前瞻性队列，通过 10 余年随访确诊 2 万余例新发肿瘤病例，应用全肿瘤多基因遗传风险评分技术，可显著提升肿瘤筛查效率，实现个体化预防。研究成果被发表在 *Lancet Oncol*、*Lancet Respir Med* 等顶级刊物。

中心制定了我国肿瘤个体化防控新体系，形成肿瘤筛查与早诊早治一体化协同模式。在国家层面联合制定了适宜我国肿瘤高危人群的筛查技术方案，建立了国家癌症防控信息管理平台，开展城市、农村癌症综合防治项目，筛查肿瘤高危人群，早诊率达 70%；基于医院的健康管理中心共完成了 70 000 余名高危人群的筛查工作，随访共发现了 2 000 余例肿瘤患者，形成了集"肿瘤风险评估、高危人群筛查、健康管理随访"于一体的肿瘤筛查与早诊早治工作模式，将肿瘤预防关口前移，切实提高人民群众的健康水平，有效减轻医疗经济负担，落实《健康中国行动(2019—2030 年)》规划。

中心加强顶层设计，优化资源配置，建设人类遗传资源共享服务平台和生物医学大数据中心，实现不同协同单位在大型队列资源和遗传资源方面的互联、互通、共享。中心在江苏省建立了覆盖社区自然人群、健康体检人群、肿瘤专病人群的大型队列及生物样本资源，建成可存储千万级样本的生物银行，获批国家人类遗传资源共享服务平台江苏创新中心（湿库），推进遗传资源集聚；建设了检测通量为亚洲最大的测序中心和计算能力排名全国第四的超算中心，助推“基因之城”的建设，打造具有影响力的生物医药产业地标；对接医院诊疗信息系统、医保系统、发病死亡登记系统，协同建立了国家医疗大数据中心（东部）（干库），通过“干-湿”互补打通信息孤岛，为大规模个体化检测奠定基础。通过“干-湿”互补协同建设大资源、大平台、大数据，助推“基因之城”的建设。同时，中心进一步加快推进肿瘤个体化医学技术创新和应用转化，增强成果转移转化主体内生动力，构建和完善技术转移服务体系。

通过“产学研”协同，中心研发了“健康人风险预警基因检测产品”等50余套检测产品，起草并实施肿瘤易感基因检测国家标准，孵育协同单位本土企业南京世和基因生物技术股份有限公司成长为“南京市独角兽企业”。相关产品覆盖20余个省市的300余家医院，累计完成80万余人次的检测，有效地降低了政府医疗投入，更好地保障全民身体健康，主动深入地服务“健康中国2030”战略。

（2）中国药科大学生物医药协同创新中心——致力生物医药创仿品种开发，推动医药产业快速发展

生物医药协同创新中心面向生物医药产业发展的重大需求，在新药研发创新前沿问题、新药品种研发、药品制造过程核心技术问题及药品质量提升等关键发展方向上推进资源合理配置，联合攻关与成果共享，实现医药产业的快速发展。

协同中心研发上市了多个全新结构的创新品种。中心依托药物发现、成药性评价、临床试验及产业化四大平台，进行创新药物开发，其中的代表性品种有注射用甲苯磺酸瑞马唑仑、卡瑞利珠单抗、马来酸吡咯替尼。全新Ⅰ类化药注射用甲苯磺酸瑞马唑仑于2019年上市，属短效镇静麻醉药物，用于各种窥镜诊疗。该产品是中心协同创新转化基地的重大标志性成果，上市当年销售收入达到6.3亿元。卡瑞利珠单抗是中国第一个具有自主知识产权的PD-1药物，用于治疗复发/难治性霍奇金淋巴瘤、晚期肝细胞癌。该药物的成功研发是我国肿瘤免疫药物领域的里程碑事件。2018年，化药1.1类马来酸吡咯替尼获准上市，用于治疗HER2阳性等顽固复发或转移性乳腺癌患者，疗效非常突出，目前年销售额5.4亿元。

研发高端仿制药并迅速抢占国内外市场份额。在研发全新结构创新品

种的同时，中心也聚焦于高端仿制药的研发工作，优化制剂工艺，对仿制药进行处方筛选，迅速抢占国内外市场份额，特别是海外市场。高端仿制药注射用塞替派于 2018 年在 FDA 获批上市，进入美国肿瘤药物治疗市场，用于治疗乳腺癌和卵巢癌，2020 年在美国市场的销售收入为 4.6 亿元。2019 年，注射用达托霉素获批于美国上市，主要用于临床治疗复杂性软组织感染与由金黄色葡萄球菌引起的菌血症，上市至今在美国市场的销售收入为 4.2 亿元。2019 年，选择性 α2 -肾上腺素受体激动剂盐酸右美托咪定氯化钠注射液获批于美国上市，适用于各种手术前或手术间非插管患者的镇静，2020 年在美国的销售收入为 5.3 亿元。另外，多个常见抗生素、心血管仿制药大品种实现了高效绿色工艺合成，降低了成本，提升了收率，保护了环境，比如盐酸安妥沙星的研制成功填补了我国氟喹诺酮类抗菌药物领域仿制药再创新的空白，在推动从传统仿制到绿色仿制的转变上作出了积极贡献。中心构建了坎地沙坦酯安全、绿色合成技术体系，实现高品质、低成本、规模化生产。中心首次提出"抗生素共线联产"思想，创新了依替米星合成和纯化工艺，建立的新方法被最新版《中华人民共和国药典》收藏。该项目的实施大幅提升了产品的收率和质量，降低了成本，减少了"三废"。多项仿制药关键工艺技术中试研发获得了 2017 年度国家技术发明奖、2018 年度国家科学技术进步奖。

药物靶标研究和源头创新能力的技术攻关。中心发现和确证了 nNOS-CAPON、nNOS-PSD-95、PPARα-FGF19 等的药物作用靶标；解析了叶酸/叶酸受体 FRα 复合物、P2Y12R 与拮抗剂和激动剂、CCR5、人胰高血糖素受体等重要靶蛋白的三维晶体结构。此外，中心还通过广泛合作，发展了基于 CRISPR/Cas9 技术的全球首个基因工程猴动物模型。中心围绕这些原创成果，已布局开展基于全新靶标的创新药物研发，加速推进基础科研成果快速转化。目前，中心正在开展的全新靶标药物研发项目涉及 nNOS-CAPON、nNOS-PSD-95、FXR/NF-κB 等蛋白-蛋白相互作用，以及针对 P2Y12R、CCR5、人胰高血糖素受体等靶蛋白三维结构的药物设计，5 个具有全新结构和新靶标的先导化合物经过系统优化已成为具有开发前景的候选药物，进入临床前研究阶段。

(3) 苏州大学血液学协同创新中心——造血干细胞移植的"中国方案"

恶性血液系统肿瘤严重危害着人民健康，其中白血病、淋巴瘤均在十大恶性肿瘤之列，常规治疗效果差，病死率高。此外，针对重症再生障碍性贫血等先天性或后天性骨髓衰竭性疾病，药物治疗往往效果不佳，并且患者生活质量极差，总体生存期不长。异基因造血干细胞移植是治疗上述重症血液系统疾病的有效手段，在多数情况下甚至是唯一治疗手段。然而，异基因造血干细胞移植是否成功与多种因素有关，其中供体的选择、移植后的各种并发症的防治，以及 GVL 效应研究和移植后复发的治疗尤为重要。

中心围绕血液学重大基础研究和疾病诊治中的关键、共性问题，在血栓与止血、恶性血液病、造血干细胞移植方面开展协同研究，以期提升我省乃至全国血液学基础研究和临床诊疗的水平。

中心创新了造血干细胞移植“中国方案”。针对供体不足的问题，中心团队进一步优化单倍体供体造血干细胞移植技术，创建粒细胞集落刺激因子诱导免疫耐受新方案，制定供者优选原则，进一步优化的移植后管理关键技术，形成原创单倍型相合移植体系，被国际同行称为“中国方案”。采用“中国方案”治疗急性白血病和重型再生障碍性贫血的总体生存率达 75%～89%，取得与同胞全合移植一致的疗效，实现人人都有造血干细胞移植供者。近三年，单倍型相合移植已成为国内首选移植模式。

针对移植后的复发问题，中心团队经研究发现 Th17 细胞及 IL-17 在移植后的免疫反应中发挥着不同的作用；记忆样供体 NK 细胞、供者 γδT 细胞可以分离 GVL 及发生 aGVHD 效应，为移植后复发的防治提供了新的途径。针对 FLT3-ITD 突变的 AML 高危患者，中心参与组织了全国多中心临床试验，发现在移植后给予索拉非尼维持治疗可将 1 年复发率从 24.5% 降至 7.0%，且耐受良好，研究成果于 2020 年被发表在 *Lancet Oncology*，获得了广泛关注。

针对 GVHD 等移植后并发症，中心团队在细胞因子免疫调控中发现 S1P1 选择性激动剂 CYM-5442 能够减轻 aGVHD 病情；阐明了 IL-17C 能够维持肠道屏障的完整性，进而抑制 aGVHD；揭示了 Nrf2 靶向激动剂富马酸二甲酯在 aGVHD 中的防治作用及机制。在肠道免疫代谢调控中，中心评估了粪便微生物移植治疗类固醇难治型胃肠道 aGVHD 的有效性及安全性，相关研究成果正积极向临床转化，初步取得了满意疗效。此外，中心团队通过临床试验发现适量 ATG 可有效预防同胞相合移植后 aGVHD，无事件生存率较对照组提高了 20%，成果发表于（*Journal of Clinical Oncology*）。

上述成果被推广至全国移植中心及法国、意大利等的 10 余家海外中心，10 000 余名病人受益；被写入美国、欧洲、意大利等国指南和共识。中心成员主持编写中国造血干细胞移植指南相关著作3部。单倍体供体移植技术处于国际领先地位，推动了全球单倍型移植的快速发展。项目核心成果分别于2017年和2019年获国家科学技术进步奖二等奖。

中心开展恶性血液肿瘤的精准诊疗。中心在淋巴瘤新发病机制和关键诊疗技术的建立应用方面，创建了适合中国患者的淋巴瘤分子分型体系，紧扣临床和应用，在淋巴瘤多中心临床研究和治疗方案方面实现重大突破，在淋巴瘤化疗耐药和增效方面提出新路径，在靶向治疗淋巴瘤方面开拓新策略。

在CAR-T细胞治疗基础研究方面，中心发现靶向Igβ的CAR-T可以在体外有效杀伤淋巴瘤细胞，并显著降低淋巴瘤荷瘤小鼠的肿瘤负荷，成果发表于*Leukemia*；在临床研究方面，CD7-CAR-T细胞疗法取得了重大突破，团队成功研制的国际首个"First-in-Class"自体CD7-CAR-T细胞疗效显著；在药物临床试验方面，团队申请的"靶向CD19自体嵌合抗原受体T细胞输注剂"的新药临床试验，获国家药品监督管理局药品审评中心正式批准，该药物是国内首个按照全封闭系统、全自动工艺生产要求申报并获得临床试验批件的CAR-T药品，在前期的临床验证研究中，其表现出十分优良的临床缓解率，显现了恶性血液肿瘤的精准诊疗效果。

在基础研究方面，中心通过综合运用多种测序手段，在国际上首次发现新的再现性变异型APL融合基因，成果先后发表于*Blood*和*Haematologica*，研究成果对于增进对APL发病机制的理解、寻找新的治疗靶点、实现精准诊疗具有重要意义；在临床试验方面，研究部协同国内16家单位进行了一项随机的Ⅲ期临床试验，结果显示对于非高危APL患者，完全口服、无化疗的治疗模型可能是标准静脉治疗的替代方案，这将大大提高患者的生活质量，成果发表于*Lancet Oncology*。

中心开展出凝血疾病诊疗新策略的建立及推广应用。中心阐明出凝血异常的新机制，发现两类血小板活化的新分子，并揭示其调控血小板活化新机制，阐明抑制血小板破坏的新途径。中心揭示关键凝血因子参与止血的重要机制，提供了抗栓治疗的新靶点；建立出凝血异常诊断新技术；研发的新型诊断试剂盒被国际血栓与止血学会纳入标准化方法学目录；建立了国内首个出凝血疾病分子检测平台；发现了移植后出凝血疾病诊断新标志，被国际血栓与止血学会作为指南在全球推荐；创建出凝血异常治疗新技术，创建针对免疫性血小板减少症的雷帕霉素和维甲酸治疗新方案，被国际指南推荐。中心建立了重症血友病与急性早幼粒细胞白血病伴 DIC 等重症出凝血异常的个体化治疗新策略。

（4）苏州大学放射医学协同创新中心——极端条件下放射性核素的深度分离

发展核电是我国应对能源需求与环境保护双重压力的重要国家战略。我国核电装机容量居全球第三，在建核电规模居世界第一，并且从未发生过二级及以上核安全事故。然而，切尔诺贝利核电站事故、三里岛核电站事故和近年的福岛核电站事故，表明核能发展过程存在潜在的放射性核素泄漏风险。因此，发展核能放射性污染防控技术对于我国核能可持续发展具有重要意义。

中心是以研究放射医学科学前沿问题为基础，以满足国家重大需求为导向，以行业服务为宗旨，围绕放射医学及相关领域发展的战略需求，对接国防、核工业和医疗卫生事业中的核事故医学应急救援、核技术应用、辐射防护和肿瘤放疗等方向，集成创新资源要素，形成我国放射医学的创新原动力基地、体制机制改革的示范“特区”。

中心实现了国际领先水平的核辐射事故医学救治技术。中心加强科技成果转化，在成功救治铱-192 大剂量外照射事故患者的过程中，通过联合应用物理剂量、染色体生物剂量计和红外检测技术，为“轻度骨髓型急性放射病、右下肢股外侧Ⅳ度放射性皮肤损伤”的临床诊断提供了精确的全身和局部皮肤剂量。中心通过采用大面积自体皮肤移植，结合干细胞和细胞因子辅助治疗，经过 378 天的救治，保住了患肢。这是中国在 USIE 系统注册的第 1 例病例，成果在权威期刊 *Radiation Research*、《中华放射医学与防护杂志》上被重点介绍，并获得 2017 年度国防科学技术进步奖二等奖、2018 年度中核集团公司科学技术奖二等奖。中心牵头单位已成为我国核事故临床救治的主要基地，是我国唯一的、完整的放射医学人才培养基地。中心的医学救治技术达到国际领先水平，医疗综合救治技术已成为我国应对核事故和核战争的战略技术储备。

同时，中心完成了 G20 峰会等多项国家医学应急保障任务，开展了福岛核电站事故等重大灾害的医学救援任务，参加切尔诺贝利核事故污染地区甲状腺调查和诊治等 IAEA 国际援外救治任务。中心负责我国核电人员的健康监测和心理辅导工作，染色体检查人均在 5 000 例/年以上，为我国核电安全运行“保驾护航”。2018 年，中心成为继日、韩、奥地利后第 4 个国际原子能机构核与辐射应急准备与响应能力建设中心(CBC-EPR),承担 IAEA 国际专业培训任务。

中心开展了基于先进分子影像定位的新型精准放疗技术研究与转化。中心在新型分子影像诊断药物、新型放射治疗计划系统的研发和转化方面取得突破,为我国精准放射治疗的发展作出了重大贡献。中心团队以国家重点研发计划重点专项等重大项目为牵引,发展了纳米材料的连续流动合成新方法,解决了新型纳米磁共振造影剂的重复性和宏量制备的关键科学与技术难题,突破了制约功能纳米材料临床转化的关键瓶颈,为实现产业化奠定了基础。在新型放射性药物的研发方面,中心利用 CMRR 研究型反应堆开展了 99Mo、131I、90Y、177Lu 等放射性核素的生产,建立了裂变 99Mo/99mTc 柱色谱发生器生产线及满足 GMP 要求的放射性药品生产车间,99Mo-99mTc 发生器产能达 10 000 支/年,已开发获得满足国标的发生器与药典标准的高锝[99mTc]酸钠注射液,并通过现场核查和中检院第三方检测。在此基础上,中心建立了完整的药物合成、放射性标记、分析测试和生物评价临床前研究平台,从而实现了我国医用同位素和药物的自主生产和供应,扭转了长期依赖进口的"卡脖子"局面。

中心提出了一体化非规则建模思想,发展了高效的数学求解方法,搭建了复杂中子输运问题求解从过程离散孤立到大空间全过程耦合的基础理论桥梁,为此改进蒙特卡罗剂量计算方法,开发了新型蒙特卡罗剂量计算软件,该项成果获得国家自然科学奖二等奖。为解决精准放疗的定位和剂量沉积的核心问题,中心将中子及辐射输运技术成果拓展应用于肿瘤放射治疗,创新发展了精准计划、精准定位、精准照射和精准测评的"四精"技术,自主研发了"麒麟刀"精准放射治疗系统(ARTS),"麒麟刀"的肿瘤定位精度达到亚毫米级,照射剂量偏差小,达到国际先进水平,在有效杀灭肿瘤病灶的同时最大程度保护了正常器官组织。

(5) 徐州医科大学肿瘤生物治疗协同创新中心——抗肿瘤免疫细胞治疗药物临床疗效显著,推动行业发展

中心联合海内外一流高校、企业、医院,通过对创新资源和生产要素的统筹协调、科学配置,解决制约肿瘤生物治疗的"卡脖子"技术难题,实现科技创新、造福患者、服务地方。

实现 CAR-T 系列技术突破,临床疗效显著,推动行业发展。中心独立研发的人源化 CAR-T 细胞药物已完成 289 例血液肿瘤患者的治疗,受试患

者数量和疗效国际领先。注册开展 CAR-T 细胞临床试验 18 项，人源化 CAR-T 技术领先美国的两个已上市产品，有效率达 81%（美国为 70%），复发率为 25%（美国为 30%～50%）。研究结果以封面文章发表于 *Lancet Haematology* 等国际顶级期刊。中心牵头高校成为国内首家 CAR-T 细胞产品的生产和应用通过 AABB（美国血库协会）国际认证单位。中心研发的通用型细胞药物关键核心技术破解了目前以自体细胞为原料造成细胞治疗药物无法实现“质量可控、批量生产”的难题，同时大幅降低成本，有望使 CAR-T 细胞药物价格由目前国外的 300 万元/人降低至 10 万元/人。中心获批我国首个 CAR-T 药物的优先审评资格，2020 年 2 月 24 日，上市申请获得国家药监局受理。中心联合上海恒润达生生物科技股份有限公司共获 CAR-T 产品临床批件 3 项。由牵头高校的附属鼓楼临床学院研发的间充质干细胞药物在临床试验中治疗了 1 200 例重症系统性红斑狼疮患者，有效率为 60%，成果获得 2019 年度国家技术发明奖二等奖。

中心建立溶瘤病毒构建平台，完成成药评价。中心构建了新型溶瘤腺病毒集成化技术平台，实现肿瘤特异性启动子在转录水平调控病毒在肿瘤细胞中复制、低氧反应元件在翻译水平调控病毒复制必需蛋白在肿瘤细胞表达、病毒衣壳改造调控病毒在体内的存活时间。中心实现了“Ad5/Mix Plus”OAV 重组技术平台。为解决腺病毒重组效率低、制备周期长的问题，中心开发了基于 Cre/loxP 和 attL/attR 的两套重组体系、由 3 个核心载体构成的新型 OAV 重组平台，使 OAV 重组准确率和效率提高至 100%，重组时间缩短了 5～7 天，较市场现有的 OAV 重组时间（14～28 天）有了巨大提高，申请为国家发明专利和国际 PCT 专利。中心获批 2018 年度国家重点研发计划项目“溶瘤腺病毒集成化技术平台建设及新产品研发”，获资助总金额 5 937 万元；完成 OAV 产品成药评价，获得 60 多个 OAV 产品，通过临床前细胞生物学和小鼠移植瘤实验从中筛选得到 12 个抑瘤显著的产品，其中 3 个携带 3 种治疗因子的 OAV 抑瘤率超过 80%，选取 1 个最优产品进行中试，目前中试已完成，正开展临床前体内药效学和毒理性评价。同时证实了 OAV 可以大幅提高细胞治疗药物的疗效，显著减少疾病复发率，可作为细胞药物生物增效剂，破解细胞治疗药物“有效性”难题。

中心代表江苏组建细胞治疗药物国家工程研究中心，形成集聚溢出效应。2020 年 4 月，中心牵头高校（徐州医科大学）联合中心协同单位[中国药科大学、上海交通大学、上海复星医药（集团）股份有限公司（以下简称复星医药)、江苏豪森药业集团有限公司(以下简称豪森药业)等]申报“细胞治疗药物国家工程研究中心”,以全省排名第一的成绩获得推荐(全省共2家),代表江苏申报“细胞治疗药物国家工程研究中心”。中心与复星医药、豪森药业、正大天晴药业集团等30余家优秀企业开展合作,攻克多项核心技术,1个细胞治疗产品递交上市申请,3个细胞治疗产品获得临床批件,成果获得2019年度国家技术发明奖二等奖、2017年度和2019年度江苏省科学技术奖一等奖等。中心主导建设徐州经济技术开发区东湖医学产业园细胞谷,总投资25亿元,于2020年底建成。中心的多家协同单位入驻,进一步加强了中心各单位间的物理空间融合及资源集聚。通过技术共享等模式,中心带动江苏圣极基因科技有限公司、上海宝藤生物医药科技有限公司等一批优质企业进驻徐州经济技术开发区,带动直接或间接投资20余亿元。中心将继续通过开发新一代技术,拉动细胞治疗药物全产业链快速发展,助力攻克肿瘤、自身免疫性疾病等重大疾病,产生巨大的社会效益和经济效益。

(6) 南通大学神经再生协同创新中心——开展组织工程人工神经移植物系列研究,实现产品创新及产业发展

自然灾害和外伤事故造成我国每年新增约150万例的周围神经损伤患者,大多因得不到及时和有效的治疗而严重影响其生活质量。作为医学界的一大难题,周围神经损伤再生包含一系列复杂的病理生理过程,始终是国内外科学家研究的重点。目前,临床修复周围神经损伤的金标准仍是自体神经组织移植,随着材料科学及组织工程学的快速发展,构建修复效果良好的人工神经移植物及组织工程神经成为替代自体神经移植修复周围神经损伤的最有前景的途径。

中心以构建国际领先的神经再生创新体系为目标,通过建立新技术、研发新药物,为临床神经损伤和退行性变患者造福。通过建设,本中心成为神经再生基础理论和临床治疗策略的高水平研究基地,杰出人才汇聚于此培养基地,推动了生物医药产业的发展。

神经再生分子机制研究取得重大突破。中心围绕神经损伤修复分子机制展开系统研究,产生了如下一批极具国际影响力的学术成果:

应用系统生物学的方法探讨周围神经损伤修复过程中的核心调控分子和关键信号通路,发现影响神经元内在再生能力调控的关键分子(FEZF2等)及影响细胞增殖、迁移及因子分泌的重要机制(let-7、miR-1等),提出周围神经再生转录调控模式三阶段的理论学说,相关研究获2019年度教育部

自然科学奖二等奖。

构建壁虎断尾再生模型，获得壁虎全基因组序列，发现段位再生过程相关的转录调控模式及断尾后局部微环境促再生的机制。揭示了 PGE2 和 HMGB1 是断尾再生调控的重要分子，提出了壁虎断尾再生图式重建的理论学说，相关研究获 2019 年度教育部自然科学奖二等奖。

首次证明中间神经元兴奋性紊乱是脊髓神经损伤后阻碍功能性恢复的一个重要机制，该发现颠覆了传统研究思路，将研究方向聚焦到平衡神经元的兴奋性上。该研究结果发表于 *Cell*，*Nature* 的“News & Views”专栏，*Nature*、*Nature Reviews Neuroscience*、*Natwe Reviews Drug Discovery* 等期刊在“Research Highlights”专栏对其进行报道，相关成果获 2020 年度华夏医学科技奖一等奖。

通过系统的谱系追踪模型，推翻了再殖小胶质细胞的 Nestin 细胞起源假说，发现脑内的小胶质细胞完全起源于残存小胶质细胞的迅速增殖，并阐明了与其相关的再殖机理。相关成果被发表在 *Nature Neuroscience*，并且入选了 *Nature Reviews Immunology* 评选出的 2018 年度神经免疫学进展（全球仅 6 个工作入选）。

创新组织工程人工神经移植物新产品和新技术。周围神经损伤修复是临床治疗中的一大难题。中心采用组织工程技术开展创新性研究，开创性地提出“生物可降解组织工程神经原理”（被载入英国剑桥大学新版教科书 *Essential Biomaterials Science*），*Science* 撰文称“顾教授在世界上第一个将壳聚糖神经移植物应用于临床，第一个转化人工神经研究进入临床，是组织工程神经转化医学开拓者（Translational Pioneer）”。中心开展并持续推进壳聚糖医用人工神经移植物修复周围神经缺损的临床研究。在北京积水潭医院、江苏省人民医院、吉林中日联谊医院和南通大学附属医院等单位开展的随机、多中心临床研究目前已完成临床试验、临床总结，已通过 SFDA 生产体系现场认证并已向国家药品监督管理局提交产品注册申请。中心采用丝素蛋白构建仿生型神经导管，又结合干细胞及生物新材料，围绕修复更长距离的神经干缺损开展系列研究；在江苏省前沿引领技术研究专项的支持下，可降解仿生型组织工程材料构建持续推进，为神经损伤、脊髓损伤等重症疾病治疗奠定基础。系列研究获多项中国和国际发明专利，在 *ACS Nano*、*Biomaterials* 等国际权威期刊中发表系列研究论文，使我国组织工程研究与转化应用持续保持在国际领先水平。

有力支撑行业区域创新开放发展。于南京国家江北新区成立的南京组织工程与再生医学技术研究院[尧舜泽生物医药(南京)有限公司],是高水平组织工程与再生医学研究的创新人才聚集地和产业转化基地。受国家食品药品监督管理总局委托,中心主任顾晓松院士作为课题负责人主持了"组织工程类医疗器械注册管理制度设计及评估标准"课题。作为主要起草人之一,其参与制定了中华人民共和国医药行业标准——《医疗器械神经毒性评价第1部分:评价潜在神经毒性的试验选择指南》(YY/T 1670.1—2019)。顾晓松院士主持了中国工程院与国家自然科学基金委员会联合设立的"中国工程科技中长期发展战略研究"项目"面向2035的我国再生医学创新与产业发展战略研究"、中国工程院重点咨询项目"我国组织工程创新及其转化应用与产业发展战略研究"、中国工程院专题咨询研究项目"海南省干细胞等创制药物成果转移转化应用研究"、中国工程科技发展战略天津研究院重点咨询研究项目"天津市智能医疗产业发展研究"。由其研制的"重组人胶原蛋白及其构建方法"获2020年度中国科技创新发明优秀成果。

三、建设美丽中国,推进生态文明建设

建设生态文明是中华民族永续发展的千年大计,坚持人与自然和谐共生是新时代坚持和发展中国特色社会主义基本方略的重要内容;建设美丽中国作为全面建设社会主义现代化强国的重大目标,把生态文明建设和生态环境保护提升到了前所未有的战略高度。江苏高校协同创新中心坚决贯彻"五位一体"总体布局,充分利用协同创新联合体的科技创新优势与江苏省改革开放40多年来积累的坚实物质基础,深刻理解生态环境的极端重要性和面临的严峻形势,主动担负起生态文明建设和生态环境保护的社会责任,从采煤沉陷地治理、揭示大气污染形成机制、大气污染物超低排放、洪水科学预报机制等多个领域着手,加大力度解决生态环境问题,积极探索区域生态文明建设的有效模式,高质量推动生态文明建设。

(1) 河海大学水安全与水科学协同创新中心——创新洪水预报调度技术,保障江河湖库防洪安全

数千年来,水旱灾害一直困扰着中华民族。习近平总书记曾深刻指出做好防汛抗洪抢险救灾工作的极端重要性。人离不开水,但水患又是人类的心腹大患。中华民族正是在同自然灾害做斗争中发展起来的伟大民族。

现在，水患仍是我们面对的最严重的自然灾害之一。2020年有836条河流发生超警以上洪水，其中268条超保证、77条超历史，超警河流数量多、历时长；大江大河洪水多发、量级高，共发生21次编号洪水，这是自1998年以来我国遭遇的最严重汛情。洪水预报调度作为防洪减灾的重要技术手段，受气候变化和高强度人类活动的影响。精准预报面临两大难题：一是气候变暖导致水循环加快，极端事件频发，预报预测难度大；二是人类活动带来下垫面变化，产汇流规律更加复杂，原有的水文循环理论已不适应，导致洪水预报精度不足、不确定性增大。

中心面向服务国家重大战略、面向世界科技前沿、面向国家水安全重大需求，致力于打造国家高端智库、突破理论技术瓶颈、促进学科内涵发展、创新人才培养模式，以保障国家水安全。中心开展了系统性技术攻关，在变化环境下水文循环和预报理论技术方面取得重大突破。

中心提升了变化环境下防洪与工程安全能力。中心针对现有洪水预报精度不足、不确定性大，进而引起工程安全风险增加的问题，在云平台下实时高效预报技术、流域洪水演变监测与风险预估、水库大坝安全诊断与预警防控等方面联合攻关，突破了多项防洪与工程安全领域的重大关键技术。中心首次构建了水文云平台，建成智能化多要素水文预报模型，解决了变化环境下精细化洪水预报难题，提高了洪峰预报精度，增长了预见期。创建了基于“三层风险”评估的区域洪涝综合应对技术，提出了气候变化背景下我国洪涝风险应对方案。建成了全国大型水库大坝安全信息数据库，构建了大坝安全综合智能诊断与监测预警平台，全面提升了变化环境下我国水库大坝运行安全管理与风险防控水平。

中心部分成果被国家防汛抗旱总指挥部、水利部黄河水利委员会、水利部长江水利委员会等应用，3项关键技术入选科技部“重大自然灾害监测预警与防范”重点专项推荐成果，有力支撑了2020年长江、淮河、太湖等的流域性洪水防灾救灾工作。成果还被应用于江苏、安徽等长三角地区的防洪抗旱实践中，年均提升苏北平原区农业可利用水资源量10.1亿立方米，江苏全省洪旱中高风险区面积降低20%以上。大坝安全诊断平台被应用于三峡、小浪底、丹江口等大型水库项目，大幅提升了国家水库大坝运行安全监督水平，显著降低了水库溃坝概率，基本避免了溃坝生命损失。成果获2019年度国家科学技术进步奖特等奖1项、2018年度国家科学技术进步奖二等奖2项。

中心有力保障了平原河网区水资源安全。我国平原区人口密集、经济发达，约10%的国土，居住着43%的人口，产出60%的GDP。目前，正在实施的长三角一体化发展、粤港澳大湾区建设等国家战略大部分位于平原地区，因此水安全保障十分重要。受平原区强人类活动影响，水力要素和区域水平衡关系状态异常，使得洪涝排泄不畅、水污染严重、水资源短缺、水生态受损等水问题复合并存，治理难度极大。上述问题均与区域水资源承载力和经济社会发展要素之间的不平衡有关。为此，中心以摸清区域水资源承载力为前提，以大型水泵增能为手段，统筹调度平原区"河—湖—库—闸—泵"工程体系，再造与治理目标相协调的水动力时空分布，提升区域水资源承载力，优化水平衡状态，破解了平原区复合水问题系统治理难题。

在理论上，中心创立区域水资源承载力动态变化理论，揭示水力要素时空演变规律；原创弱动力区水动力重构理论，阐明了水力要素和平原区工程体系间的关系；提出重构水力要素的时空分布、提升区域水资源承载力、优化水平衡状态的具体对策，为平原区复合水问题的共治奠定了理论基础。

在技术上，中心提出了大型泵站水力系统高效运行与安全保障关键技术，打破了大型贯流泵长期依赖进口的局面，助推我国由水泵制造大国成为制造强国，有效提升水动力重构的能力与效率以及区域水资源承载力的上限；提出的"河—湖—库—闸—泵"多工程多目标协同调控技术，系统实现区域水资源承载力的整体优化。

中心的成果有力支撑了淮河多目标治理和2020年淮河王家坝分洪，还被成功应用于长江三角州、珠江三角洲、南水北调东线工程引调水项目及苏丹、哈萨克斯坦等国50余项平原区重大河湖治理工程的建设与安全运行中，近5年直接经济效益超31亿元。成果获2019年度国家科学技术进步奖二等奖。

中心构建了新时期水利行业拔尖创新人才培养模式。积极应对新时期水利人才需求，深化科教融合和产教融合，创新拔尖人才培养模式，突破创新与实践能力不足等长期掣肘水利行业拔尖人才培养的瓶颈，培养大批具备"扎实理论基础、广阔国际视野、突出实践能力"的高层次复合型人才，持续引领中国水利高等教育的改革和发展。

中心瞄准科学研究前沿，提高人才创新能力。以科教融合为突破，充分发挥协同创新优势，依托"大团队、大平台和大项目"，构建本硕博贯通的人才创新培养模式。举办"长江大讲堂"等系列学术活动，邀请多名省内外著名专家、学者参与教育教学活动，增强对青年人才潜心扎根科研创新一线的引导。

中心创建国际一流水利高等教育，拓展人才国际化视野。成立国际水利与环境工程学会(IAHR)-河海大学高等教育与继续教育委员会秘书处，建设UNESCO-IHP国际水文水资源及环境培训与研究中心，创建了“认证标准、工作程序、认证队伍”三位一体的国际实质等效水利类专业认证体系，引领水利工程教育进入全球第一方阵。获批全国首个以水利为特色的中外合作办学机构“河海大学河海里尔学院”，新增“澜湄”计划、中非政府奖学金等出国与来华留学双向培养项目，举办“全球水循环与水安全”等国际优秀学生夏令营。

中心创新“产教”融合培养模式，提升人才实践能力。制定水利工程领域专业学位研究生培养标准，创建“三全育人”专业学位研究生校企协同培养新模式及全过程质量保障体系，显著提高人才工程素养和创新实践能力。新建校企协同培养基地135家，3人获得“做出突出贡献的工程硕士学位获得者”称号。培养模式被武汉大学、山东大学、合肥工业大学等30多所高校同类专业借鉴和应用，并被全国工程专业学位研究生教育指导委员会推广应用到地质工程、环境工程、测绘工程等领域。《中国教育报》《新华日报》《光明日报》等10余家媒体对该成果进行了宣传报道。相关成果获2018年度国家级教学成果二等奖2项。

(2) 南京信息工程大学气象灾害预报预警与评估协同创新中心——观云测天服务国家战略

气候变化与气象灾害是人类始终面临的重大挑战，随着全球气候变暖及受到其带来的极端天气气候事件的影响，气候灾害造成的损失也愈发严重，近年来我国每年经济损失约3 000亿元，这严重制约着我国经济社会的可持续发展。中心针对气象灾害预报预警与评估领域的关键科学和技术问题，围绕六大研究方向开展协同研究。中心充分利用“多元、融合、动态、持续”的协同创新模式与机制，由中心首席科学家牵头，联合各协同单位，组织申报国家重大科研项目。通过联合攻关，中心在气象灾害预报预警与评估的基础理论方面取得了一系列重大进展，产出了一批具有鲜明特色的原创性科研成果，提高了预测科学水平和准确率，更好地满足了国家防灾减灾、应对气候变化和经济社会可持续发展的重大需求。

中心创新机理认知与预报模式，为我国防灾减灾和应对气候变化提供了重要科技支撑。中心团队瞄准季节内振荡的动力机理和延伸期预报这一世界性难题，在机理认识和预报方法上取得阶段性突破，研制了时空投影STPM延伸期（10～30天）预报模式，建立了国际先进的MJO实时监测和预测业务体系，分别建立了中国夏季降水、冬季温度与极端冷事件、夏季温度及热浪等统计延伸期预报模型，成功地对中国大陆降水和气温距平，以及区域极端降水、夏季高温、冬季低温和西太平洋台风群发事件等高影响天气进行提前10～30天的预报，并在国家气象中心延伸期业务预报系统中推广应用。中心专家翟盘茂研究员成功当选政府间气候变化专门委员会（IPCC）第六次评估报告（AR6）第一工作组联合主席。2020年，中心成功获批国家自然科学基金基础科学中心项目，该项目是首个落地江苏省的基础科学中心项目，聚焦提高气候预测科学水平和准确率，为我国防灾减灾、生态文明建设和应对气候变化提供重要科技支撑，将整体提升我国在气候预测研究领域的国际影响力。

中心率先开展区域霾污染趋势预测，为江苏大气污染治理和长江大保护出谋划策。2020年11月14日，习近平总书记在南京主持召开全面推动长江经济带发展座谈会，在会上强调，要持续开展生态修复和环境污染治理工程，保持长江生态原真性和完整性。中心专家揭示了北极海冰影响霾发生的机理，率先发展霾预测方法并开展霾的季节预测。中心王会军院士团队在2016—2020年期间连续针对京津冀和长三角区域霾污染趋势开展预测，每年编写霾预测展望报告上报政府，为防霾治霾提供决策依据。由其完成的《长三角地区大气污染咨询报告》，从宏观和中观层面描述了长三角空气质量现状，分析了江苏省大气污染的来源和成因，预测了大气污染与区域天气、气候的关系，并提出了提高大气污染物来源解析精度，重视大气污染科学研究工作和优秀科研团队建设，创建季节、年际大气污染预测系统等建设性意见，研究成果获2019年度“江苏省智库研究与决策咨询优秀成果”一等奖。

中心研发了台风监测预报系统关键技术，提高了台风预报能力。近年来，在全球气候变暖的背景下，全球高影响台风事件频发，灾害影响日趋严重。我国登陆台风的平均强度明显增强，强台风数量明显增多，台风登陆时间更加集中，登陆季节明显缩短。中心专家研发了台风监测预报系统关键技术，以登陆台风监测、预报预警技术为攻关重点，在台风外场协同观测系统建设、台风多源资料库构建及应用、台风数值预报系统关键技术研发、登陆台风精细化预报技术及监测预报预警综合平台建设等方面取得突破性进展，为我国在西北太平洋地区台风路径预报达到国际领先水平起到了关键的支撑作用。该项目技术的主要成果已在中央气象台、上海中心气象台、广州中心气象台等平台广泛应用，部分成果在水文、海洋、民航部门推广应用。在台风路径预报方面，由该项目数值模式路径预报误差减小所产生的经济效益超过2 000 亿元。该项目相关成果获 2018 年度国家科学技术进步奖二等奖。

中心探索出“人才引进＋团队建设＋创新能力提升”的新发展模式。中心实施“合纵连横、靶向引进”的人才培养选聘机制。中心在全球范围内广泛建立校校、校所、校企合作共育机制，横向打破了人才培养的空间界限。中心实行靶向培养引进，建立高端人才数据库，通过定向培养、全球邀约、境外招聘等方式，精准培养引进高端人才；中心依托高校与中国科学院大气物理研究所、中国气象科学研究院、国家气象中心等协同单位，通过人员“交叉任职、双聘双挂”等方式培养学生和青年教师；中心打造全方位的“行业、校所、国际”多元共建格局，实行“协同共赢”的资源优化配置机制。中心与中国科学院大学全面合作，每年本-硕-博一体化联合培养 300 人。中心促成世界气象组织和教育部签署《国际组织人才培养协议》，共建“气候与环境变化教育部国际联合实验室”（首批三家之一）、“耶鲁大学-南京信息工程大学大气环境中心”、“中美大气海洋研究中心”等。中心依托高校与协同共建单位开展深入合作，通过联合承担重大项目开展合作科研和业务应用，实现资源优化配置。中心通过成果转化推动气象产业化发展，支持整个气象事业发展。

（3）南京大学气候变化协同创新中心——揭示大气污染形成机制，服务国家环境治理战略需求

空气污染是困扰我国东部生态文明建设和可持续发展的重要问题，也是当前大气科学的热点和难点。中心针对我国东部季风区人类活动和气候系统自然变率在季节、年际和年代际时间尺度上的相互作用开展研究，探索区域气候变化及其影响的预测和适应方法。通过跨单位、大团队的联合攻关及高水平的国际合作，围绕气候变化背景下空气污染的发生发展趋势、年代际和长期变化规律及其相关的宏观和微观物理化学机制，中心开展了系统深入的研究，取得了一系列具有创新价值的成果并产生了重要的影响。

以长三角地区为中心，中心组织实施了 2019 年冬季“我国东部沿海大气

复合污染天空地一体化监测技术”项目大型观测——“大载荷系留型浮空器”大气污染物垂直探测试验。试验期间协同了多架飞机、无人机、海洋科考船、地面和高山站，通过集成当前最先进的探测技术和计算机模型，获得了高质量的第一手科学数据，有望更好地认识我国东部秋冬季节大气复合污染的成因。

中心科研团队首次发现并证实我国东部大气中的硫酸—二甲胺—水三元成核现象，揭示了大气污染纳米微细粒子形成的化学机制，为我国大气颗粒物污染防治政策的制定提供了新的科学证据；相关成果还揭示了我国京津冀和长三角两大城市群秋冬季重霾污染通过相互作用增强跨界传输的新机制，同时提出了减缓这种区域相互影响以实现科学治霾的新思路，为真正做到“科学治霾、精准治霾”提供参考。

中心在 *Science* 正刊，*Nature Geoscience*，*PNAS* 等国际著名期刊发表论文 90 余篇，多项成果产生了重要国际影响，例如被美国《科学新闻》（*Science News*）杂志专文报道；被 *PNAS*、*Chemical Reviews*、*Nature Communications* 等著名期刊论文引用和报道。“学习强国”、中国国际电视台（CGTN）、新华网、《中国日报》、《扬子晚报》等公众媒体对相关成果进行了报道。中心的研究成果直接支撑了江苏省大气污染防治和重大事件的空气质量保障，获得相关部门的表彰；针对分区域精准氨排放、减量发展促进京津冀加速协同等重要科学问题提供决策或者制定解决方案，获得了国家领导人的批示或被中共中央办公厅采用。

中心揭示了东亚季风气候变迁及其影响。东亚季风气候演化规律和驱动机制是受到国际地球科学界密切关注的科学前沿问题，对理解当今全球变化的规律和机理具有重要意义。基于多学科协同创新，鹿化煜教授课题组对中国中部渭河盆地沉积记录开展了系统研究，发现～1 000 万年以来东亚季风气候持续存在并显著变化，晚中新世和上新世乔木植被茂盛，在第四纪（～260 万年），草原植被明显扩张，显示出北半球温度驱动下季风降水控制着中国中部的植被演替。课题组对上新世暖期环境变化的研究，揭示了季风气候变化在～420 万年时有明显的转型（季风降水减少）；同时，上新世暖期轨道时间尺度季风气候变化，有高纬地区的信号，也受低纬过程的驱动。基于这些发现，他们提出东亚季风演化同时受到高纬和低纬过程联合驱动的新理论模式。与此同时，对内蒙古、青海、河南第四纪黄土记录的高分辨率研究使他们发现轨道时间尺度季风气候变化受高纬和低纬过程联合驱动，以及亚轨道时间尺度（千年-百年）季风干旱事件与高纬地区冷事件对应。自全新世（～1.1万年）以来，东亚季风影响的中国北方沙漠-黄土交错带的植被演替呈现双稳态形式。这些研究成果揭示了季风气候演化的新规律，提高了季风变化研究的理论水平，处于国际领先地位。上述研究成果的相关论文发表于 *Science Advances*、*Nature Communications*、*Geophysical Research Letters*、*Global and Planetary Change*、《科学通报》、《第四纪研究》等中外重要学术刊物中，共计20篇，研究获得国家自然科学基金重大研究项目、国家自然科学基金创新研究群体项目和美国国家科学基金会（NSF）项目（PIRE）等的联合资助。

（4）中国矿业大学老工业基地资源利用与生态修复协同创新中心——践行习近平生态文明思想，树立矿区生态修复中国标杆

中心以破解老工业基地资源与环境约束为己任，以体制机制创新为核心，通过强强联合，汇聚人才，开展相关重大基础理论、共性关键技术的攻关，建成中国老工业基地资源利用与生态修复关键技术创新与科学研究的排头兵和一流人才培养的高地，为促进资源型老工业基地转型发展提供科技支撑。

中心始终坚持立足徐州、着眼江苏、面向全国、紧盯世界一流，不断创新理念、革新技术，努力实现潘安湖采煤塌陷区的转型发展，产生了重大的影响力和良好社会效益、经济效益。

中心打造了国家级矿山生态修复“样板工程”——潘安湖矿山生态湿地。潘安湖位于徐州市贾汪区，为权台矿和旗山矿的采煤塌陷区域，总面积1.74万亩，平均积水深度4米以上，一直被视为无法治理的特大型塌陷湖，是限制贾汪区高质量发展的沉重历史包袱。

中心在国家科技支撑计划项目、国土资源部公益性行业专项的支持下，攻克了工矿区废弃土地再利用、塌陷湖水污染迁移防控、煤矿采空区建设适宜性评估及抗变形设计等关键技术，提出了“基本农田整理、采煤塌陷地复垦、生态环境修复、湿地景观开发”四位一体的治理方案。

在潘安湖采煤沉陷地一、二期工程建设的基础上，于2017年开展关闭矿井地下水污染调查与防控、关闭矿井资源开发利用专题研究，于2018年实施三期工程——52.87平方公里潘安湖科教示范区建设，取得了显著的社会、经济和生态效益。该工程解决了矿地矛盾，增加了400多名农村就业人口，实现了乡村振兴，改善了矿区环境，培养了40多名硕博研究生，打造了自然

资源部黄淮海采煤沉陷区野外观测基地。2017 年，潘安湖湿地公园被确定为首批国家湿地旅游示范基地，为徐州市获得 2018 年联合国人居奖提供了强有力的支撑。

中心在环境与灾害监测及分析科研领域所获的成果被纳入地球观测组织(GEO)能源环境手册，被获准牵头组建全球煤炭开发利用环境效应遥感观测国际工作组(WGCE)。中心为老工业基地破解资源与环境约束提供智力支持，作出了突出的贡献，把科学理论和成果应用于塌陷地的修复工作中，助推徐州市实现了从"一城煤灰半城土"工业城市到"一城青山半城湖"生态城市的华丽转身。2017 年 12 月，习近平总书记来到徐州考察调研，视察了潘安湖生态湿地，充分肯定了中心的建设成果。总书记指出，资源枯竭地区经济转型发展是一篇大文章，实践证明这篇文章完全可以做好，关键是要贯彻新发展理念，坚定不移走生产发展、生活富裕、生态良好的文明发展道路，对采煤塌陷区整治的有益经验，要注意总结推广。

中心实现了老工业基地土地利用与生态环境监测关键技术及其应用。在国家重点研发计划、自然科学基金重点项目等国家项目支撑下，针对老工业基地转型发展过程中土地空间拓展、空气质量优化、生态环境修复等重大需求，中心首创空天地井"四位一体"土地利用立体融合监测技术体系，突破了矿区大范围 InSAR 毫米级变形监测和空天地多源数据融合理论及关键技术，建立了大范围采空区场地监测、预测、评估和治理技术体系，为采空区场地建设工程安全提供了测控保障；首创土地调查数据一体化组织管理模型，突破了土地利用变化空地一体协同感知技术，研制了空地一体集成调查与监测装备，实现了土地利用变化的全域快速感知、实时监测、精准采集和智能入库；创造的"城乡一体化土地调查模式"被采纳为第三次全国土地调查的重要技术模式；建设了国家级北斗卫星数据处理与分析中心，攻克了高精度北斗卫星数据产品自主生成技术，破解了城市三维时空基准信息无缝集成与一体化管理难题，实现了徐州全市域实时厘米级位置服务；建成的"江苏贾汪资源枯竭矿区土地修复与生态演替野外科学观测研究站"被认定为教育部野外科学观测研究站(2019 年)，实现了区域煤炭开采地表形变监测、预测和变形分析，以及环境质量、生态演变全过程监测。相关成果获得了 2018 年度国家科学技术进步奖二等奖、2019 年度中国卫星导航定位科学技术奖一等奖 2 项。

中心攻克了衰老矿井资源利用与矿城协同发展关键技术。在国家重点研发计划项目等一批国家级重大项目支撑下，针对衰老矿井资源利用、灾变防控及矿城协同发展等重大需求，中心协同徐州市政府部门、徐州矿务集团有限公司、中国中煤能源集团有限公司等相关单位联合攻关，建立了老工业基地衰老矿井资源综合开发利用与灾变防控体系，为老工业基地矿区能源绿色开采、地下空间利用、地热开发、煤层气资源开发及产业转型、政府决策提供了重要科学依据与支持。

中心首创了深部残留煤炭资源井下智能化分选及就地充填理论，开发了深部残留资源智能精细化绿色开采关键技术及装备，提出了老工业基地衰老矿井深部残留煤炭资源“采选充＋X”绿色开发的“矿-城”协同发展新模式；提出了“煤-水”双资源协调开采理论、煤气协调共采及储层开发地质动态评价理论、矿-城地热资源开发理论、沉陷区建筑物稳定性控制理论等，形成了矿区水资源、地热资源、煤层气资源、土地资源（水-热-气-土）综合利用关键技术体系，编制了《建筑物、水体、铁路及主要井巷煤柱留设与压煤开采规范》等国家或行业规范，为老工业基地“矿-城”可持续发展和产业转型升级提供技术支持；创建了废弃矿山空间开发理论，开发了废弃地下空间全空间四维协同控制技术、地下工程分布式光纤监测关键技术，为老工业基地衰老矿井废弃空间资源再利用提供理论支撑和技术保障。该系列成果推动了我国老工业基地的可持续发展，有效解决了矿业、矿山、矿工及矿-城协同发展难题，实现了矿企的跨越式发展，构建了稳定的科研合作团队，整体科研水平与德国、美国等发达国家处于同一水平。相关成果在江苏、山东、山西、河南等省份得到推广应用。成果获国家科学技术进步奖一等奖1项、二等奖1项，教育部科学技术进步奖二等奖，教育部技术发明奖二等奖，山西省科学技术奖二等奖。

（5）南京工业大学膜材料与膜过程协同创新中心——面向大气污染治理的膜材料制备与集成应用

大气污染物排放控制是可持续发展重大战略的基本要求。过程工业排放的含尘气体、含挥发性有机物（VOCs）气体是大气雾霾的主要成因之一。如何严格控制超细粉尘、VOCs排放，实现资源的高效洁净利用，是化工、能源等行业面临的共性问题，因此迫切需要开发高效治理技术，实现大气污染物的超低排放。

我国过程工业的烟尘排放总量超过全国排放总量的2/3，亟须严格控制$PM_{2.5}$超细粉尘排放。常用的气体除尘方法有布袋过滤、旋风分离、静电除尘、湿法捕集等，这些方法对大粒径的粉尘有较好的脱除效果，但对超细粉尘（亚微米级）的分离效率低，其排放浓度经常超过国家标准（20 毫克/米^3），导致大量超细粉尘被排入大气，严重污染大气环境。VOCs 具有种类繁多、含有致癌物质、在空气中极易传播、污染面广等特点，影响着环境和资源再利用。因此我国已经将 VOCs 减排列入国家计划中，明确了减排任务。

中心着力解决相关膜材料制备的关键技术问题，重点推进膜材料在传统产业改造、工业园区污染治理中的应用，提升膜产业的国际竞争力，促进膜行业的快速发展。

中心创新国际领先水平的双疏型气固分离膜技术，实现有机溶剂的资源化再利用。中心开发出高性能 VOCs 分离膜技术，实现有机废气中酯类、苯类和酮类等物质的有效分离回收。针对大气 $PM_{2.5}$ 超低排放的应用需求，中心发明了气固分离膜材料微结构调控方法，实现了膜厚度、孔径及孔隙率的可控调节，开发出国际领先水平的双疏型气固分离膜，建成了 200 万米^2/年的膜生产线，使膜通量提高了 30%。经国家权威检测机构检测，该方法对 0.3 微米粉尘的去除率大于 99.999%，显著优于 HEPA 滤网国际标准。中心率先实现了膜技术在化工企业燃煤锅炉、生物质锅炉、废弃物焚烧等烟气超低排放，以及催化剂、钛白粉、染料等粉体产品高效回收中的规模化应用。中心建成了烟气排放量 220 万米^3/时的膜处理装置，净化后气体粉尘浓度 3.52 毫克/米^3，优于 5 毫克/米^3 的超低排放指标；能耗降低 1/3 以上，每年节约电费 250 万元以上，年新增产值超过 2 亿元。累计建成应用装置 60 多套，累计净化废气超过 1 800 亿标准立方米、减排超细粉尘 2 700 余吨。针对 VOCs 回收的应用需求，中心开展有机溶剂回收的有机-无机复合膜设计、制备与应用的系统研究，解决了膜分离性能低、运行不稳定的问题，实现了有机-无机复合膜的可控制备、规模化生产与推广应用。实现了有机溶剂回收率大于 95%，投资回收期小于 1 年；尾气排放 VOCs 浓度可控制在 80 毫克/标米^3 以下，优于国家和地方排放指标要求。中心近三年推广应用 30 余套工程，累计回收减排各类溶剂超过 13 500 吨，相关成果荣获 2020 年度江苏省科学技术奖一等奖、中国石油和化学工业联合会技术发明奖一等奖。

中心技术推广形成良好社会经济效益，助力抗击新冠肺炎疫情。中心研究成果先后获得中国发明专利 80 余件（国际专利 14 件），新建膜应用示范工程 100 多个，产生了 140 多亿元的经济效益，有力推动了我国高性能膜材料制备与集成技术的进步，对生态环境保护起到了积极作用。中心积极投身于抗击新冠疫情的斗争中，组织力量进行膜法口罩攻关。由牵头单位南京工业大学负责口罩膜材料设计及制备关键技术研究，与澳大利亚莫纳什大学合作，讨论制定研发方案。中心研制出具有蛛网结构的、可重复使用的膜法口罩，膜材料纤维尺寸仅为100～200纳米，孔径控制在0.2～0.5微米范围，主要利用筛分机理截留病毒，无需施加静电，多次水洗或酒精消毒后的过滤效率仍维持在99%以上，实现了口罩的可重复使用。中心协同单位江苏久朗高科技股份有限公司进行了膜材料规模化放大并将其用于膜法口罩的生产，建立纳米纤维膜生产线和KN95口罩膜生产线各一条。在疫情期间，采用纳米纤维膜生产的口罩超过3 000万只，有效保障了疫情的防控。成果被《新华日报》《扬子晚报》《科技日报》《中国化工报》等媒体报道，并对意大利国家研究院、美国过滤协会、南非约翰内斯堡大学等国际合作单位进行了援助。

中心打造了坚持服务“四个面向，立德树人”的一流膜创新团队。中心以立德树人为根本任务，严谨治学，精心育人，荣获“全国高校黄大年式教师团队”称号，并入选全国首批党建工作标杆院系。中心秉承“顶天立地”的发展思路，坚持“四个面向”开展膜科学技术研究，构建了“一所两制，统一管理”协同创新模式，形成了以中国工程院院士徐南平为学术顾问、12位国家级人才为骨干的研究团队。协同单位围绕重大任务协同攻关，形成了相互促进、协作共赢的良好态势。中心与膜制造企业协同，承担国家重点研发计划项目，开发出国际领先的双疏型气体净化膜，实现工业烟气粉尘的超低排放；南京工业大学与膜应用企业协同，承担企业委托研发项目，协同膜制造企业，开发出本安型VOCs治理膜集成新装备，助力药厂可持续发展。

中心率先实现了陶瓷膜、分子筛膜等8种膜材料的产业化，孵化了久吾高科（2017年创业板上市，300631）等10多家高科技企业，新增经济效益100多亿元，使我国无机膜产业从国内空白发展到国际前三。中心主持获得国家科学技术奖励5项，主办了30多年来首次在中国召开、膜领域影响力最大的国际会议——国际膜与膜过程会议（ICOM）。团队骨干成为膜领域顶级国际期刊*Journal of Membrane Science*编辑（中国首位），于*Nature*发表文章（膜领域中国首篇），团队入选教育部创新团队（2017年滚动支持）、科技部重点领域创新团队（2017年）、国家自然科学基金创新群体（2019年）。

四、深度协同创新，推动行业科技创新

全面建成小康社会、实现第一个百年奋斗目标之后，在开启全面建成社会主义现代化强国新征程、向第二个百年奋斗目标进军的过程中，江苏高校协同创新中心面对“在改革创新、推动高质量发展上争当表率”的新要求，充分把握利用江苏创新基础好、制造能力强的优势，根据区域产业结构变化等经济发展需求，为区域经济发展提供智力支持和人才支撑。通过知识创新、开展核心技术和关键技术研发等，促进区域经济结构调整和产业转型、升级，加速科技成果的转化，推动高新技术产业化，为区域经济发展提供科技支撑。在软件新技术、现代交通、基础设施建设、肉类生产和加工等方面，坚持协同创新发展理念、推进机制改革，以科技创新引领区域行业产业发展，打造高水平校地协同发展共同体，助力江苏在多个领域实现并跑领跑。为建设科技强省、制造强省不断增创高质量发展新优势。

(1) 南京大学软件新技术与产业化协同创新中心——新一代智能化软件理论引领国际学术潮流，推动多行业发展，服务国家重大工程

软件产业是国民经济的先导性、基础性和战略性产业。发展软件产业是加速新型工业化进程、调整经济结构、转变发展方式的战略举措。江苏的软件产业在政策引导、资源配置等行政手段的合理调控下，始终走在全国前列，但在由大变强的进程中遭遇到了产业创新能力不足的发展瓶颈。中心旨在面向江苏软件产业发展的重大需求，聚集江苏计算机科学与技术学科的教育、科研、人才与产业化优势资源，改革完善“产学研”协同创新体制机制，促进学科建设创一流，人才队伍筑高地，企业创新成主体，助力产业创新能力提升，辐射并助推江苏软件产业高质量发展，推动江苏早日成为创新驱动发展的软件强省，服务江苏经济社会发展，支撑“强富美高”新江苏建设。

随着人工智能、大数据、边缘云计算、万物互联等技术的发展和应用的落地，软件极大地改变了生产、生活的现状。软件产业在经济转型发展、国家核心竞争力提升等方面的作用越来越明显。万物互联和人工智能是新一代软件的基础，面对人机物融合开放环境下的智能化软件定义应用场景价值挑战，需要从软件本源性入手，进行系统性的探讨，说明新型软件的基本形态、运行机理、生命周期、质量保障等关键问题，从而构建网构化、智能化、可成长的新型软件的理论范型和技术体系，实现开放互动、智能适应和持续

演化的新型软件。中心创立的“定义化、元级化的可成长网构关键范型和方法”，在国内外都产生了重要影响，在2018年美国计算机协会（ACM）和2019年电气与电子工程师协会（IEEE）的重要国际期刊上发布了网构软件专刊；在2018年和2019年的中国计算机大会上，中心主任吕建院士作了网构软件的主题报告。中心创立的“MIML框架和机器学习理论和方法”引领了国内外“面向多义性对象的新型机器学习理论与方法的研究”，获得多位顶尖学者的关注和高度评价，其中高可信与AI方面的成果被图灵奖获得者引用，写入了国际权威教科书。基于上述理论研究，中心获得了网构化、智能化、大数据、网络化、云计算、泛在化、可信化、定义化、媒体化、服务化等软件核心关键技术的突破，成员发表了多篇高水平论文，获得了国家自然科学奖二等奖、技术发明奖二等奖、科学技术进步奖二等奖等奖项，还获得了数百项专利和软件著作权的授权，并新申请了数百件专利。成果的技术在国家级关键任务应用、服务国家重大工程方面取得持续成效，如为北极和南极科考提供海冰现报和航线规划，为国防重点项目提供关键技术支撑等。同时，本技术突破还在关键软件企业获得成功应用，服务国家需求，如国家电网、南方电网、中电科、华为、中兴、中创软件等，帮助电力系统突破对国外基础软件的依赖，助力关键企业（如华为等）实现技术领先。

基于新一代智能化软件的理论和技术，中心的协同企业研发了应用效果显著的新型软件产品，在国防、电力、智能制造、交通、互联网、信息服务等领域取得丰硕成果。中心与南京航天航空大学、中国电子科技集团公司第二十八研究所联合承担了国家重点研发计划、近亿元国防演示项目等重大项目支持，解决了栅格网环境下系统构建与评估重大现实瓶颈问题，显著提升了网络环境下我方信息系统的构建水平；与国电南瑞科技股份有限公司、河海大学协同研发的“云端融合大数据分布式处理平台”，应用于国家电力和水利系统，实现了自主可控的国产化支撑平台，云端融合关键技术处于国际领先水平，为企业新增了13亿元的营收和近5亿元的利税。

（2）东南大学现代城市交通技术协同创新中心——攻克城市交通系统集成仿真技术瓶颈，实现全链条完全自主技术创新

在“互联网＋交通”“大数据”背景下，面对我国“交通强国”战略目标，城市交通大脑缺乏以“基础数据多元化、网络结构层次化、系统功能集成化、数据分析定量化、结果显示可视化、人机交互实时化”为特征的、具有自主知识产权的城市交通系统仿真理论方法、核心模型、实用技术与系统软件。中心

面向国家重大战略需求，聚焦交通系统问题解决与整体效能提升，以重大技术产品孵化为直接目的，联合城市交通领域相关行业部门、高校顶尖创新团队、有影响力的重点企业，开展现代城市交通技术的协同创新。

中心遵循“基础研究支撑、关键技术创新、示范工程应用”的技术路线，面向城市交通系统在基础数据、综合网络方面的实际特征及平台功能开发、人机交互操作、结果分析显示方面的仿真分析需求，重点开展城市交通系统集成仿真的基础数据、分析模型、平台软件、方案快速生成、方案综合评估等五方面、几十项关键技术的研发，并通过面向江苏、浙江等多个省市，政府、企业、科研院所多个层次的应用推广，对关键技术进行检验与完善。成果支撑了城市交通领域形成“统一的数据、统一的方法、统一的软件、共享的平台”，推动实现城市交通系统在城建、交通、交管、发展改革委等多部门的全过程联动与协同。

中心创新城市虚拟交通系统集成仿真技术。针对交通网络数字化建模、交通系统协同化仿真、大规模网络快速化分析等方面的技术瓶颈，中心提出了基于互联网开源数据的交通网络基础数据库快速构建技术，包括海量异构交通大数据的导入、处理和分析技术，基于数据库和沙盒机制的交通数据储存技术，城市交通管理信息数据架构及其数据库，等等；构建了符合我国经济社会发展状况、异质交通流特征和差异化交通行为特点的交通分析模型体系，包括交通网络特征分析模型、交通需求分析模型、多模式公交网络模型；研发了超级网络动态多路径交通分配模型及多线程仿真并行计算技术，形成了面向交通领域业务功能的仿真需求自动生成与仿真模块组合优化方法。与以往的技术相比，交通系统集成仿真技术将大规模复杂交通网络的数字化建模效率提升了 100 倍以上，仿真计算时间缩短了 50 倍。该成果获得了 2018 年度国家科学技术进步奖二等奖、2018 年度教育部技术发明奖一等奖。

中心研发“人工智能＋大数据”交通虚拟仿真软件。基于集成仿真理论与技术成果，中心开发了“人工智能＋大数据”交通仿真软件“交运之星—TranStar”。该仿真软件在传统交通模型的基础上，融合了大数据获取与分析功能，实现了交通决策与服务的“大数据＋交通”模型双驱动；在城市交通规划、管理控制与智能服务过程中，创新融合了人工智能理念与神经网络、强化学习等技术，在提升分析精度的同时，可随交通运行状态的演化而自动更迭软件模型及参数，赋予交通仿真软件思维能力。此外，软件的开发考虑到了我国城市交通特征、城市综合交通分析需求，科研工作、行业部门、出行者的使用需求，涵盖了交通分析系统子软件、人机交互系统子软件、图形显示系统子软件，实现了综合交通系统仿真集成化分析和交通方案交互型设计、仿真结果可视化显示。目前，该软件在国内已有用户超200家，支撑了精准的交通系统规划、精致的交通工程设计、精细的交通管理控制、精确的交通政策制定，产生了巨大的社会效益、经济效益。

2020年3—6月，城市交通系统集成仿真技术为重庆提供助力，为由于公交出行比例降低等问题导致的交通拥堵提供科学的缓堵方案，提出了涵盖错峰上下班、交通微循环组织、定制公交等在内的十二类交通管理措施，全面覆盖发展改革委、交警支队、公交公司与住建委等交通管理相关的市政府部门。

(3) 东南大学先进土木工程材料协同创新中心——攻克混凝土超高性能与长寿命难题，服务国家重大工程建设

混凝土结构工程是实施"海洋强国"建设、"西部大开发"政策、"一带一路"倡议等的物质条件。混凝土是当今世界用量最大、用途最广的基础材料，我国用量占全球用量的60%以上。工程实践和研究成果均表明，由混凝土收缩导致的开裂占80%以上。收缩开裂是在国际上长期困扰工程界而未能得到有效解决的难题。严酷的环境作用引起混凝土内部微结构破坏、胶凝力急速下降、钢筋锈蚀率迅速提升，导致服役过早失效，对混凝土结构耐久性提出了严峻的挑战。因此，开展严酷环境下结构混凝土耐久性设计与提升关键技术研究，延长混凝土工程服役寿命是亟须解决的重大问题。

中心紧密围绕土木工程材料的绿色化，以节能减排、循环、低碳及基础生命线工程的安全健康和长寿命为使命，瞄准国际前沿，提升原始创新能力，带动土木工程材料的结构调整和向绿色环保转型，推动国内著名高校与我国重点企业或产业化基地的深度融合，成为促进区域创新发展的引领阵地，实现土木工程的可持续发展。

中心创新现代混凝土开裂风险评估与收缩裂缝控制关键技术。中心建立塑性开裂模型和硬化阶段"水化-温度-湿度-约束"耦合开裂模型，解决室内与工程之间性能无法对应、材料收缩与结构抗裂性计算脱节的难题，实现多种收缩的耦合计算，创建开裂风险量化评估方法。创新水分蒸发抑制技术，解决兰新高铁等在极端干燥环境下的混凝土塑性开裂难题；创新水化温升和膨胀历程协同调控技术，解决地铁车站等温度剧升快降的强约束结构

收缩开裂难题;创新全过程补偿收缩技术,解决远海岛礁防护工程超高强混凝土自收缩大、易开裂的难题;创新控温减缩技术,为港珠澳大桥沉管隧道等的大体积混凝土裂缝控制提供关键支撑。此外,成果正在被应用于国内最长湖底隧道——太湖隧道、世界跨径最大的铁路钢管混凝土拱桥——藏木雅鲁藏布江双线特大桥等一批重大工程。中心成果包括主/参编标准6项,获授权发明专利70余件(含2件PCT),获批软件著作权5项。成果实现了地下空间、隧道、长大结构等无可见裂缝,推动混凝土裂缝控制由被动修复转为主动防治。成果获2019年度国家科学技术进步奖二等奖。

中心创新严酷环境下结构混凝土耐久性设计与提升关键技术。中心率先提出了"阻、隔、缓、延"等混凝土耐久性协同提升技术,解决了强盐渍土、炎热海洋与盐冻等典型环境下百年服役寿命的难题,主编了我国首部盐渍土环境耐腐蚀混凝土、抗侵蚀离子抑制材料、高耐蚀钢筋等技术标准,填补了介质浓度超规范与严酷环境多因素耦合作用下混凝土结构耐久性设计与智慧提升的空白。项目获授权发明专利30余件(含1件PCT)、获批软件著作权1项,编制标准5部,成果已被中交集团、中建集团、中国铁建、中铁设计、中核集团等单位采用,并被推广至"一带一路"沿线项目及国防防护等重大工程。成果为多因素耦合作用和侵蚀介质浓度超规范下服役寿命的提升提供了重要理论依据和技术支撑,推动了严酷环境下混凝土耐久性设计与提升的技术进步,相关成果获2020年度江苏省科学技术进步奖一等奖。

中心创新超高性能混凝土关键技术与应用。中心发展了免蒸养含粗骨料超高性能混凝土(UHPC)制备理论,突破了UHPC不能使用粗骨料和蒸汽养护的国际惯例,率先发明了抗压强度达150～250 MPa、抗拉强度达7～12 MPa、弹性模量达50～70 GPa的含粗骨料UHPC材料;发明了UHPC流变调控技术,解决了高远程泵送、自密实成型与斜立面施工难题,满足了多样化规模施工需求。成果被开创性地应用于南京长江第五大桥(世界首座轻型钢-粗骨料UHPC组合梁斜拉桥)和某岛礁防护等一批国家重点工程。在南京长江第五大桥的建设中,该成果显著提高了主梁极限承载力,减轻了结构自重30%以上,提高主梁抗裂性能4倍,克服了传统钢-混组合梁结构自重大、收缩徐变应力高、桥面板抗裂性能弱等固有顽疾,极大地延伸了钢-混组合梁斜拉桥的适用跨度。上述技术突破了UHPC"组分—制备—材料—构件—结构—应用"全产业链技术难题,解决了20余项重点工程的UHPC规模制备与应用难题,促进了UHPC行业技术进步,引领了大跨径桥梁轻量化发展。

中心建立了“产学研”一体化的协同创新机制。协同企业建华建材集团的水泥制品生产过程实现了自动化、智能化和绿色化，推动了相关行业从劳动密集型向高技术密集型转化，引领了我国水泥制品行业的产业转型升级。企业在协同期内的新产品占比在50%以上，产值增加420亿元，产品销售覆盖东南亚及周边各国，已成为全球最大的建材构件制造商。江苏苏博特新材料股份有限公司与中心团队深度融合，牵头申报并获批了科技部“十三五”国家重点研发计划2项，在超高性能混凝土、收缩裂缝控制和耐久性提升等领域联合攻关，取得重大突破。成果获得国家科学技术进步奖二等奖1项、省部级科技奖4项。公司于2017年在上海证券交易所主板挂牌上市，成为我国混凝土外加剂行业龙头企业。

(4) 河海大学重大基础设施安全保障协同创新中心——破解河谷地震动输入瓶颈，研发河谷场地工程震害评价与抗震技术

地震灾害一直是我国最主要的自然灾害之一。我国地处亚欧板块、印度洋板块和太平洋板块这三大板块的消亡边界附近，板块之间的碰撞挤压使得地震灾害频繁发生。如何解决复杂地形条件下重大工程河谷场地的输入地震动模拟、提升河谷地区重大工程抗震能力是长期以来地震工程领域的核心难题。中心面向国家基础设施安全保障的重大需求，围绕基础设施安全领域的技术难题和国际科学前沿问题，实现基础设施全生命周期安全保障的核心理论和关键技术的重大突破。中心建成国内一流、在国际上有重要影响的基础设施安全创新平台和人才培养基地，推动人工智能、大数据赋能基础设施安全保障科技创新，提升国家重大基础设施安全保障能力。

中心创新过江隧道盾构式建造智能风险管控关键技术。过江通道是江苏省综合交通运输体系中的突出瓶颈，也是国家综合交通运输大通道的突出堵点。中心研发了“姿态评估—快速响应—反馈控制”联动的盾构姿态智能化精确控制技术，构建了多元数据采集、动态挖掘、异常反馈等功能一体化的盾构掘进监控信息平台；创建了数据驱动的风险管控和预警平台软硬件体系，实现了盾构隧道建造风险定量化管控。针对穿江隧道泥水盾构施工，中心首次提出了高渗透地层泥浆成膜关键技术，发明了成套的泥浆成膜和泥膜性质测试装置和方法。中心还开发了狭小空间常压换刀技术，换刀效率提高了4～5倍，解决了狭小空间高压换刀操作难、效率低的瓶颈问题。

中心研究成果形成国家规范1部、省级工法1项、授权发明专利6件、软

件著作权等其他知识产权 28 项，获省部级奖励 4 项。成果被推广应用于南京、苏州、常州、南昌、成都等十余座城市的 30 余条线路，近 1 000 千米的地铁工程，产生相关合同额约 10.73 亿元，协同企业新增税收累计 1.8 亿元。该成果为服务国家战略，落实江苏省由“拥江发展”走向“跨江融合”，推动解决我省南北发展不平衡、不充分问题提供了重大科技支撑。

中心创新河谷场地地震动输入方法及工程抗震关键技术。河谷场地是地震高烈度区工程震害最严重的区域之一，河谷地形地震放大效应是重要原因。中心破解了 V 形河谷地震动输入工程抗震难题，并研发了土坝的岩土工程震害评价方法与抗震技术；提出河谷场地地震动输入方法；建立了耦合低频脉冲波和高频基波的近断层地震波合成方法，实现了复杂脉冲特征震源地震波的模拟；建立了 V 形河谷地震波传播解析模型，解决了长期以来困扰岩土地震工程界的 V 形河谷应力奇异难题；揭示了 V 形河谷对不同角度入射地震波的散射规律、迎波侧聚焦效应和背波侧滤波效应，实现了数十千米外近断层地震波传播至 V 形河谷场地的区域尺度模拟及河谷两侧地震动差异放大的定量评价；提出“坝壳翻压、坝趾压重、坝顶降渗”三位一体的土坝抗震加固技术。将研究成果在高烈度区开展示范和推广应用，成功应用于 856 座病险土坝抗震加固工程。相关成果获国家级科学技术进步奖二等奖 1 项、省部级科技奖励 3 项、授权发明专利 21 件、软件著作权 17 项、行业工法 2 项。

中心创新长大桥梁智慧监测与管养成套技术。中国是世界第一桥梁大国，已建桥梁总数达 100 多万座。中心组织联合攻关，推进大数据、人工智能赋能桥梁运维，研发了长大桥梁智慧监测与管养成套技术。中心合作开发了多功能、多系统融合的智能健康监测大数据软件平台，在平台上提出了基于同步压缩变换的瞬时索力精准识别算法，提出了基于影响线测试的承载力评定快速试验方法，建立了大件运输条件下桥梁承载能力快速验算评估方法和车桥耦合分析算法。针对领域内缺乏健康监测与安全预警的指标体系，中心构建了长大桥梁实时在线健康监测系统的全过程标准体系，涵盖系统设计、实施、检评、维护、分析等，提出了索承桥梁安全预警指标体系及智能预警阈值设计指南。针对运营安全风险评估难题，中心率先提出了基于全要素的长大桥梁运营安全风险半定量评估方法，建成首个长大桥梁运营安全风险分级分类管控体系，建立了不中断交通条件下的在役桥梁加固、提载、拓宽和顶升等系列创新技术。相关成果获国家技术发明奖二等奖 1 项、省部级科技奖励5项，获授权发明专利36件、软件著作权6项，多项成果已被纳入3部国家和行业规范及8部地方及团体标准。成果已被成功应用于港珠澳大桥、沪苏通长江公铁大桥、润扬大桥等20余座长大桥梁，产生直接经济效益超15亿元、间接经济效益超100亿元。联合研究团队荣获2017年度交通运输行业“重点领域创新团队”称号。

（5）南京农业大学肉类生产与加工质量安全控制协同创新中心——肉品风味和凝胶品质控制技术解决传统和低温肉制品共性技术瓶颈

我国肉品加工业产值已达1.3万亿元，是我国农产品加工及食品行业的支柱产业，关系到国计民生。但我国肉品加工技术相对落后，缺乏自主研发的关键技术及装备。中心瞄准江苏省肉类生产与加工质量安全控制的实际需求，汇聚国内外肉类生产、加工与质量安全控制领域的优势学科、人才队伍、科研平台及龙头企业，开展基础理论和关键技术创新研究，提升我省乃至全国的肉类产业科技水平。

中心实现肉品风味和凝胶控制关键技术创新与应用。针对“我国传统腌腊肉制品风味浓郁，但加工技术落后，风味品质难以保障”“西式低温肉制品质构适口，但出水出油严重、质构差”等行业瓶颈问题，中心开展了创新研究。中心首次提出传统腌腊肉制品主体风味形成中的内源酶作用，否定了“霉菌主导”的传统理论。中心研发了基于内源酶活力调控的“低温腌制—中温风干—高温成熟”技术，使干腌火腿盐分含量降低50%，生产周期缩短50%以上，优级产品率由75%提高到97%以上。中心解决了传统腌腊肉制品生产周期长、脂肪氧化严重、盐分过高和风味品质难以控制等的技术瓶颈；阐明了介质条件（离子强度、pH和脂肪酸组成等）和工艺参数（斩拌、滚揉和热加工等）对肉蛋白凝胶乳化特性的调控机制，形成了凝胶品质控制的技术理论。中心研发出可促进盐溶性蛋白溶出、保水性和质构增强的“高效乳化、注射-嫩化-滚揉一体化腌制”的凝胶控制技术，并开发了高效复配腌制剂，使低温肉制品的蒸煮损失明显下降，产品质构得到显著改善，有效解决了西式低温肉制品质地差、出水出油严重等技术难题；创制了火腿自动撒盐-辊揉腌制和智能化风干发酵成熟装备，使腌制用盐量降低30%，实现了传统火腿生产工艺的现代化。成果在江苏雨润、华统等30多家领军企业得到产业化应用，开发出新产品75种，显著提升了我国肉品加工科技水平，为产业转型升级提供了重要技术支撑。成果获2019年度国家科学技术进步奖二等奖，2018年度教育部科学技术进步奖一等奖。

中心创新研发细胞培养肉技术。中心团队突破了细胞培养肉关键技术。在国际上首次分离得到了高纯度的猪肌肉干细胞和牛肌肉干细胞。通过流式细胞分选的方法，分离得到了高纯度的牛肌肉干细胞；明确了其表面标志蛋白，发明了基于表面标志蛋白的肌肉干细胞分选方法，使肌肉干细胞的纯度提升1倍，突破了培养肉技术瓶颈。在国际上首次创立了猪和牛肌肉干细胞体外培养干性维持方法，通过对细胞体外培养过程进行研究，研制了维持肌肉干细胞功能的体外扩大培养方法；优化出能使肌肉干细胞干性维持和快速增殖的培养基，使肌肉干细胞2～3天的增殖速率提高了40%～70%，解决了传代过程中细胞增殖和分化能力衰减的难题。研发出我国第一块肌肉干细胞培养肉产品，实现肉营养和品质的智能化调控；建立了无血清培养条件，突破了猪肌肉干细胞无血清增殖和分化难题；发明了一种含微柱阵列的培养肉生产模具，生产出具有自然肉特征的网状结构培养肉。团队于2019年11月18日在南京农业大学制作了中国第一块细胞培养肉产品；于2020年6月6日举行了我国培养肉的首次试吃仪式。中国农学会组织专家对该成果进行了技术评价，认为该成果使我国培养肉技术水平进入国际同类研究的前沿行列。

中心实现动物消化道微生物功能及营养调控。针对我国畜禽养殖中存在的营养物质转化利用率和优质畜产品生产率低的难题，中心团队突破了相关关键技术，首次建立了家畜全消化道微生物区系空间模式图，发现家畜消化道微生物菌群组成与功能呈三区段化。中心首次建立了瘤胃内甲烷菌与厌氧真菌的共培养体系，揭示了瘤胃微生物种间氢转移规律，为甲烷减排提供了新理念和营养调控靶点。揭示了猪运输应激反应相关的主要功能基因的表达规律，筛选了与之关系密切的微卫星和单核苷酸，为开发降低猪运输应激的生理调控技术和猪的抗逆(应激)育种提供理论基础。中心首次对猪GR启动子进行克隆测序，揭示了GR基因外显子1转录变体表达的组织特异性和品种差异，高通量筛选并鉴定了组织特异性的GR转录因子和调控元件，解析了非编码miRNA调控GR表达的机制，为靶向调控GR提高猪抗应激能力提供理论支撑。中心发现糖苷酶抑制剂可通过控制瘤胃发酵速率和重塑瘤胃菌群结构来稳定瘤胃pH和控制LPS生成，延胡索酸电子受体可通过氢代谢途径实现瘤胃甲烷减排，为瘤胃功能的定向调控提供理论依据。中心首次将代谢程序化概念引入猪生长和肉品质形成的研究中，阐明了母猪妊娠和哺乳期的营养(包括日粮蛋白水平、粗纤维、甜菜碱和丁酸钠等)通过GR及其相关的信号通路调控子代猪生长和抗应激的表遗传机制。成果获2019年度教育部高等学校科学研究优秀成果奖之自然科学奖二等奖、2019年度江苏省科学技术奖二等奖。

五、践行科技兴农，助推粮食安全与农业现代化

粮食安全事关社会稳定和国家安全。习近平总书记指出，“中国人的饭碗任何时候都要牢牢端在自己手中，饭碗主要装中国粮。”农业现代化成为实施乡村振兴战略的重要目标，也是中国特色社会主义进入新时代做好“三农”工作的总抓手。要全面实现农业强、农村美、农民富，必须坚定地走科技兴农之路。江苏高校协同创新中心紧紧围绕质量兴农战略和粮食安全战略需求，从战略性种业与核心菌种培育、农业面源污染控制与生态修复、农机现代化设备研制、现代粮食流通等方面入手，加快科技成果转化，助推农业由增产导向转向提质导向，不断提高农业创新力、竞争力和全要素生产率，为实现由农业大国向农业强国的转变贡献江苏力量。

(1) 南京农业大学现代作物生产协同创新中心——现代作物新品种与生产技术深度融合，实现主要农作物大面积增产增效

种业是农业的“芯片”，是国家战略性、基础性核心产业，是粮食安全和社会稳定的根基。近年来，我国作物品种同质化日趋严重，主要作物高产育种进入平台期。农业病虫害呈多发、频发态势，严重影响农产品产量与安全品质。此外，随着人民生活水平的不断提高，人们对生活品质的要求也越来越高。与此同时，随着人口老龄化及农村城镇化的加速，农业劳动力越发紧缺，传统精耕细作的种植方式逐渐被轻简化栽培所取代。因此，培育优质、高产、多抗、高效、适应轻简化栽培的优良新品种，并研制相应的生产技术，实现良种良法配套，满足当前市场多元化的需求，已成为我国现代农业发展的关键问题。

中心以江苏主要农作物产业发展的重大科学问题和技术需求为牵引，发挥“政产学研推用”综合优势，建成区域特色明显、开放有序、运行高效的协同创新体，促进江苏及周边经济发达地区主要粮食与经济作物产业发展。

粮食生产涉及作物新品种选育、种子生产、作物生产管理和新品种、新技术推广等多领域、多学科的融合交叉。中心围绕主要农作物产业发展的重大科学问题和技术需求，充分发挥“政产学研推用”各协同单位优势，构建

了现代作物育种技术体系，培育系列高产、优质、高效作物新品种，研制配套栽培技术，协同推广部门及企业，开展新品种及配套技术的推广，实现了新品种的大面积增产增效，产生显著的社会效益和经济效益。

中心构建高效分子育种技术体系，突破品种改良技术瓶颈。中心破解棉花、大麦和大豆等作物基因组信息，为作物“精准育种”奠定了基础。中心发掘作物高产、优质、抗病虫、抗逆、养分高效等重要性状关键基因 85 个。中心克隆了阻碍杂种优势利用的自私基因，为超高产育种提供了重要支撑；克隆了首个小麦抗赤霉病基因，为小麦抗赤霉病育种提供了重要基因资源。中心整合分子设计育种、全基因组选择和基因编辑等技术，构建了现代分子育种技术体系，极大地提高了作物育种的效率。中心建立了远缘种质优异基因高效定向诱导技术，突破了远缘优异种质利用的技术瓶颈；建立大豆花叶病毒规模化、精准抗性鉴定体系，被农业部和 8 个省市授权，服务于国家及省级品种审定。

中心培育突破性新种质和新品种，引领种业发展。中心创制小麦-簇毛麦新种质，该种质成为我国小麦抗白粉病和条锈病育种主要抗源，并被分发给 100 多家单位，利用该抗源选育新品种 40 余个，累计推广面积近亿亩，有效缓解了小麦两种主要病害抗源匮乏的困境；创制抗赤霉病新种质并发放给全国 60 多家单位；创制广谱抗大豆花叶病毒新种质供 10 余家单位利用，为我国大豆振兴提供了重要保障。中心自主培育作物新品种 117 个，其中国审品种 25 个。“宁香粳 9 号”、“南粳 46”和“南粳 9108”等多个水稻品种获评“全国优质稻品种食味品质金奖”。

中心创新高效栽培和智慧农作技术，助力优良品种推广。中心研发新品种配套栽培技术，实现良种良方配套。水稻精确定量配套栽培技术已连续 5 年创造了水稻百亩方超 16 吨/公顷的世界纪录。中心构建了“水稻机插缓混一次施肥”技术，突破水稻绿色高效生产技术瓶颈，显著提高氮肥利用率，减少用工，提升稻米食味品质。中心将现代农学、信息技术、农业工程等交叉融合，构建“北斗导航支持下的智慧麦作技术”，实现了作物无人播种收获、无人施肥喷药和智慧灌溉，提高了作物生产的精准化和智能化，提升了现代作物生产的水平与效益，引领智慧农业科技创新。中心将创制的新种质提供给国内外 150 多家单位；中心自主培育的新品种累计推广面积超 4 亿亩，其中水稻和小麦新品在适宜地区的覆盖率分别达 90%和 75%以上；研制配套生产技术的覆盖率达 60%以上，两项技术入选 2020 年度“农业农村部十大引领技术”。协同成果获国家科学技术进步二等奖1项、省部级一等奖7项。受农业农村部委托，中心连续举办了8期“全国农作物种业科技培训班”和“全国首届水稻抗稻飞虱及其传播病毒病鉴定培训班”，培训种业相关人员千余名。中心另举办全国及全省作物生产技术培训班百余次，培训技术人员和农民万余人次。相关品种及技术的推广与应用，产生了显著的社会效益和经济效益，为保障国家粮食安全、提高人们生活水平提供了重要支撑。

(2) 江南大学食品安全与质量控制协同创新中心——打破国外菌种垄断，引领国产菌种参与国际竞争

中心秉承“服务国家和江苏省食品行业发展需求，协同创新，支撑引领”的发展定位，协同省内13家行业龙头企业，以需求牵引和技术推动为导向，建成以“食品安全共性技术研究平台”为支撑，“人才汇聚、学科一流、科研创新”三位一体的协同创新体系，为我省在全国率先实现食品安全控制由被动应付向主动保障转变提供全方位支撑。

近年来，我国益生菌产业的井喷式发展为食品产业的稳步增长持续供能。针对我国益生菌产业核心菌种技术被跨国公司垄断的现状，中心围绕益生菌高效分离筛选、高耐受菌株定向选育、特定功能精准评价及益生菌发酵关键技术进行攻关，创新了一批具有自主知识产权的前沿核心技术。在细胞与分子水平上提出高密度培养、超浓缩制备和高活性保持等产业化关键技术，填补国内空白，技术指标达到国际先进水平，显著提升了我国益生菌企业的市场份额。在益生菌开发方面，中心建立基于种水平宏基因组技术的益生菌快速分离和筛菌技术，发明了基于耐胁迫靶点的定向选育技术。中心发明了一套基于体外、细胞和活体动物的功能评价模型和方法，可定向筛选具有生物减除食源性危害因子功能的益生菌，相关技术成果连续三次在国际微生物领域权威期刊 *Applied and Environmental Microbiology* 上发表，论文两度被评为亮点文章(Spotlight)，并被认为“提供了新颖的干预镉中毒的膳食策略”，相关研究成果同时还被美国微生物学会(American Society for Microbiology，ASM)作为热点新闻进行报道。基于胁迫响应的发酵关键技术，实现了菌株高活性培养和高效制备，被德国慕尼黑工业大学生物信息分析中心带头人 Jürgen Behr 课题组认同并给出评价：“分批培养及pH控制的益生菌发酵方法适用于工业化规模生产”。产业化关键技术被知名工程技术期刊 *Bioresource Technology* 引用，该期刊认为项目组提出的“基于离

子交换和吸附作用的连续发酵方法”可有效提高乳酸菌生物量，具有极高的产业化应用价值。

中心打破国外垄断局面，建立了具有我国自主知识产权的益生菌库。中心彻底打破益生菌菌种和技术的国外垄断局面，通过选育得到一批具有国际知名度的益生菌菌种，如植物乳杆菌 CCFM8610，它是全世界首株具有减除重金属镉毒性功能的益生菌，获得中国、美国、加拿大、澳大利亚等国专利授权。一种“具有排镉功能的植物乳杆菌”授权专利菌株及产业化关键技术在光明乳业、葵花药业、微康生物等公司推广应用，引领国内益生菌行业快速发展并提升了国际竞争力。

中心建立国际化科研合作平台。聚焦食品微生物安全制造、有害致病菌高效控制、肠道健康定向调控等领域，围绕食品安全共性以及畜产品质量安全控制与保障重大需求所建立的“益生菌与肠道健康协同创新团队”，获批教育部“食品安全国际合作联合实验室”、科技部“益生菌与肠道健康国际联合研究中心”、“英-中益生菌与食品安全”联合研究中心等联合科研平台。目前有外方合作专家 20 余人，其中 4 位美国微生物科学院院士、4 位爱尔兰皇家科学院院士，6 位外方合作专家受聘为国家外国专家局高端专家。其中，Arjan Narbad 教授荣获 2017 年度“江苏省国际科学技术合作奖”，Paul Ross 教授荣获 2019 年度“江苏省友谊奖”，由陈卫教授牵头承担的“不同膳食人群肠道双歧杆菌的分布特征及遗传和生理多样性分析”课题获批国家自然科学基金重点国际合作项目。

(3) 淮阴师范学院区域现代农业与环境保护协同创新中心——环洪泽湖农业面源污染控制与生态修复

湖泊水污染事关人类健康与生存。据《2019 中国生态环境状况公报》(以下简称《公报》)显示，在我国 54 个重要湖泊中，低于Ⅲ类水质的有 29 个。农业面源污染是湖泊等水源地污染的三大来源之一。洪泽湖是我国第四大淡水湖，是国家南水北调东线工程的重要枢纽。然而，因区域内传统农业生产方式，如农药化肥过度施用、养殖业饵料大量投喂等原因，导致农业面源污染逐年加重。据《公报》等报告显示，淮河、洪泽湖的农业面源污染比例分别达 33%、45%。

当前，农业面源污染治理、水源地保护已被我国列为打好“三大保卫战”和“七大标志性重大战役”的重要目标。与此同时，中心所在地——淮安是苏北的重要中心城市，也是淮河生态经济带(国家战略)、江淮生态经济区

（江苏省"1+3"重点功能区战略）的战略叠加区域，承担展示江苏生态竞争力的重任。因此，控制农业面源污染、保护湖泊生态环境，是高标准建设江淮生态经济区和淮河生态经济带的重要内容，对深入推进"美丽江苏"建设、实现区域生态优先和绿色发展具有重要意义。

中心发挥地处洪泽湖生态经济区的地理优势，立足区域现代农业发展与湖泊环境保护的迫切需求，在"农业优质高效安全生产技术""湖泊水体污染监控与生态修复"等方向开展协同攻关，为控制农业面源污染、保护湖泊生态环境提供科技支撑。中心深入开展种养殖业污染减控、水体监测与生态修复技术研究，突破多项技术难题，形成"源头减控、过程阻截、末端治理、长效监控"的综合治理模式，并产出一系列创新成果。

中心选育并推广区域突破性作物新品种。中心首次筛选鉴定了作物系列高产、抗逆等关键基因，大大丰富了区域作物种质资源基因库。中心首次克隆鉴定了水稻穗发育基因 OsJAZ1、育性控制基因 OsACOS12、分蘖数调控基因 OsFWL4、叶绿体发育基因 OsHMBPP、小麦耐旱基因 TaSHN1 和 TaGL7 等系列新基因，为增强作物抗逆性、提高产量等提供了重要的基因资源；育成系列突破性新品种并通过国家、江苏省审定，为地方种业发展提供了重大科技支撑。中心协同育成 7 个适合本生态区的突破性稻麦新品种并通过审定。"淮麦 44"连续 5 年参加江苏省区试、生产试验，产量均居第 1 位，并于 2017 年通过江苏省审定，于 2020 年通过国家审定；"淮稻 268"于 2018 年通过国家审定，是第一个高产与品质、抗性协调的中粳稻新品种；"淮稻 18 号"米质达国标三级优质米标准，于 2017 年获"全国优良食味粳稻品评优秀奖"，于 2019 年获农业部植物新品种权，该品种为近年来江苏省抗稻瘟病最好的品种。中心选育的"淮麦""淮稻"新品种大都实现经营权转让，并成为淮北片区绝对主栽品种，选育的新品种转让累计到账 2 132.72 万元。据全国农业技术推广服务中心统计，2018 年，中心选育的"淮麦"品种销售额位列全国第 18 位，"淮稻"品种销售额位列全国第 9 位。其中，"淮稻"系列品种在 2017—2019 年的推广面积为 1 505.1 万亩，占同期迟熟中粳稻种植面积的 50%以上，获 2019 年度全国农牧渔业丰收奖二等奖。

中心参与了洪泽湖农业面源污染控制及生态修复的工作。中心针对环洪泽湖种植业污染严重等问题，创新集成种植污染减控技术 3 项，获江苏省高校科技奖一等奖、农业部丰收奖二等奖等 3 项。中心研发集成的"稻麦抗逆调控关键技术"累计推广面积1 746 万亩，有力促进了地方"特优高效种植产业"发展。实施水稻大田"药肥两减"技术基地面积 692 万亩，实现稻田施肥次数精简至 3 次、农药用量降低 20%～30%的效果，以此为基础创建的"淮安大米"地理标志品牌于 2019 年荣获"中华品牌商标博览会金奖"。中心针对传统龙虾池塘养殖饵料大量投喂、水质恶化，水稻种植水资源利用不充分、农药化肥施用过多等问题，创新建立适合本区域的稻虾生态种养技术体系，在提高综合经济效益的同时，为农业水环境治理、渔业转型促治水提供了新的思路。中心研发并推广了基于水稻栽培与小龙虾养殖茬口衔接、小龙虾营养调控、水稻秸秆无害化还田等系列技术的稻虾连作模式，实现了"一田两用、一水两用"，减少了 55%的农药使用量和 50%的化肥使用量，亩产优质稻米 500 公斤、小龙虾 100 公斤以上，亩效益增加 2 000 元以上。该技术在环洪泽湖所有县区推广面积 139.8 万亩。针对洪泽湖蓝藻预警技术缺乏、水体污染加剧等问题，中心首次建立洪泽湖蓝藻预警模型，创建生态修复技术体系 2 项并在洪泽湖大面积应用，被农业农村部推广至全国。中心首次构建了基于水文地形及气象条件的洪泽湖蓝藻水华发生模型，成功研发出业务化系统。根据洪泽湖水域生态环境空间异质性，中心建立了洪泽湖特有的"以渔净水"放流模式，在洪泽湖每年放流滤食鱼类 30 万斤，从水体滤食蓝藻 3.2 万吨，被农业农村部渔业渔政管理局推广至全国。中心利用鱼贝互补的食性和不同生态位，建立了"鱼贝立体生态修复技术"，实现了鱼贝双重立体净水效果，在洪泽湖累计推广面积 180 万亩，累计减氮 1 191.2 吨、减磷 212.3 吨。2017 年，中心与省洪泽湖渔管办共同建立洪泽湖黄颡鱼国家级保护区。至此，洪泽湖已建立 7 个国家级保护区、3 个省级保护区，成为内陆湖泊中水产种质资源保护区数量最多、面积占比最大、保护品种最全的湖泊。

中心创新成果快速转化机制，探索"四扶"长效脱贫模式。中心创新了"农业技术导向—多方协同攻关—成果快速转化—农民稳定脱贫"的链条式精准扶贫机制，建立了包括"人才扶贫、技术扶贫、产品扶贫和产业扶贫"的递进式"四扶"长效脱贫模式，树立了独具协同创新特色的助力脱贫攻坚品牌。

人才扶贫——以扶智促扶贫，筑牢脱贫基础。中心培训和帮扶了大批农业科技人员和农户，并涌现出"奔走田间的大学教授"等优秀扶贫工作者。技术扶贫——推广技术示范，强化兴农根基。通过推广生态种植、养殖等中心自主研发技术，有力带动农民脱贫致富。产品扶贫——发挥产品优势，带动农民增收。通过自主研发的作物新品种等成果推广，快速带动农民增收。产业扶贫——建基地树品牌，形成长效机制。积极创建农产品地理标志品牌，有力推动农业新产业发展，助力脱贫致富。

（4）南京财经大学现代粮食流通与安全协同创新中心——创新粮食流通全产业链质量安全保障体系，打造“中国好粮油”

粮食事关国运民生，粮食安全是国家安全的重要基础。党中央始终把粮食安全作为治国理政的头等大事，提出了“藏粮于地，藏粮于技”的国家粮食安全战略。新冠疫情的暴发使得粮食安全问题更加成为各国关注的焦点。现代粮食流通产业由现代粮食市场体系、粮食宏观调控体系、粮食产业化体系和粮食流通行政执法监督保障体系共同构成，是一个完整的产业链，具有市场化、信息化和集约化的基本特征。中心围绕“创新粮食流通体系，做强产业保障安全”的基本目标，面向区域粮食流通产业发展需求，推进农业供给侧结构性改革，提升江苏省现代粮食流通产业整体水平，保障区域粮食安全与社会和谐稳定。

技术创新是现代粮食流通产业发展的引擎，体制创新是现代粮食流通产业发展的基础，政策创新是现代粮食流通产业发展的保障，粮食安全是现代粮食流通产业发展的目标。着眼于粮食安全的现代粮食流通产业发展涉及政府、企业、高等院校、科研院所等众多创新活动的相关主体，若要真正实现粮食流通产业的创新驱动、转型升级，从而保障粮食安全，就必须解决好这些相关主体的目标协同、机制协同、行为协同的问题。因此，必须以粮食流通技术创新为驱动，以粮食产业发展为核心，以粮食流通政策创新为支撑，有效整合产业科技资源，建立协同创新机制，推动“政产学研”紧密结合，才能提升现代粮食流通产业整体水平，保障国家粮食安全与社会和谐稳定。

中心创新粮食产后技术服务体系，打造“中国好粮油”。中心强化粮食保鲜储运一体化技术体系，保障国家粮食储备安全。中心联合承担“粮食产后‘全程不落地’技术模式示范工程”等10余项国家重点研发计划项目及课题，通过模式创新引领粮食分类收储和优质优价，创新偏高水分粮食安全处置技术和新型干燥与保鲜储藏一体化技术体系，先后编制技术规程12项，成果已被应用到全国100多个国家储备粮库及400余万吨仓容的地方储备粮库，效益费用比提升12倍，产生了巨大的社会效益和经济效益，获得中国粮油学会科学技术奖一等奖等2项，升级了我国粮食收储运技术体系与管理模式。中心强化功能性粮食产品加工技术体系，保障国民健康营养需求。中心作为牵头单位，联合中粮营养健康研究院等多家单位承担30余项国家、省部级项目，重点攻关粮食高效增值转化及主食工业化、发芽糙米制品营养保全及品质改良、杂粮新食品复配粉加工特性及工艺等，成功转化了富硒大米、高含量杂粮挂面、全麦馒头、冷冻熟面、速食糙米粥等新产品38种，在江苏省粮食集团、湖南粮食集团等15家企业中得到推广与应用，建设生产线25条，制定《全麦粉》《低菌小麦粉》《全麦挂面》等粮食行业、团体标准5项，累计经济效益达6.5亿元，获得授权发明专利18件、省部级科研奖励6项。中心强化优质粮食产品标准体系，提升"苏米"品牌知名度。响应江苏省委一号文件要求，中心联合江苏省粮食和物资储备局等协同单位加快"苏米"品牌建设，组织编制了国内首个省域全产业链性质的《江苏大米》团体标准，配套制定《"苏米"品牌管理办法》《"苏米"产业联盟章程》，明确品牌运行制度规范；先后遴选"苏米"核心企业20家，打造了"远望大米""远望两优688"等多个优质品牌，其产量和销售额约占全省490家大米加工企业总量的10%，利润约占20%。

中心创新粮油质量安全主动保障技术体系的研发与应用。中心构建粮食产前防控体系，创新原料收购指标规范。中心揭示了小麦产前镰刀菌毒素污染风险分布及形成机制，明确毒素关键控制点，创新防控新理念；构建粮油原料污染物风险评估数据库，绘制了区域性污染地图，确定了区域性粮油原料收购检测指标体系。研究成果推动小麦生产从"控病保产"向"控病保产与减毒增效并重"转变，累计推广面积3 580万亩，毒素管控效果提高30%以上，减少投入品使用10%以上，新增效益411 450.3万元。中心构建了粮油原料分类分级收购限量指标规范4套并应用示范，制修订国家或行业标准20余项、国际标准1项，获2018年度江苏省科学技术奖一等奖。中心研发粮油原料质量安全收储保障技术，创新粮油安全评价体系。中心承担"十三五"国家重点研发计划食品安全重点专项"食品安全检验在线控制系统研究""粮油质量安全过程保障与追溯技术集成与示范"等5个项目，研发了储藏过程监测预警系统及装备8套，形成了快速检测技术评价和质量再评估报告20份，建立了粮油原料质量安全保障规范标准体系6套并应用示范于全国13个粮食主产区的大型粮油企业中。中心获批农业农村部"全国名特优新农产品营养品质评价鉴定机构"、全国农产品质量安全与营养健康科普基地，整体提升了粮油质量安全管理与评价水平。中心搭建粮油质量安全溯源控制体系，创新智慧农业信息平台。中心形成了江苏省智慧粮食流通体系化成果，解决了粮食收储运全链条中全程可视化溯源系统等重大产业难题，已在江苏省粮食集团、江苏省农垦米业集团有限公司、中储粮南京直属库等30余家企业转化与推广28项科技成果，累计经济效益7.5亿元。粮食大数据获取分析与集成应用关键技术研究获得中国粮油学会科学技术奖一等奖，中心获批国家粮食大数据获取与应用创新中心，并联合建立全国首个"产学研"深度融合的省级粮食物资类研发创新平台"苏粮硅谷"，被新浪财经等媒体广泛报道。

(5) 江苏大学现代农业装备与技术协同创新中心——多作物深泥脚湿烂田履带式联合收获机助力我国粮食安全生产

我国粮食年种植面积为20亿亩左右，近年来，随着经济社会的发展和农业机械化水平的逐年提升，谷物联合收获机在粮食种植业中发挥着越来越重要的作用。目前，我国联合收获机主要存在作物籽粒损失和损伤两大通用技术难题，部分谷物机收获总损失率和总损伤率均高达10%，造成巨大的粮食浪费。近年来，欧美、日本等地区和国家的著名农机企业凭借技术和资本优势全面进入中国，抢占高端农机市场。国产联合收获机平均无故障作业时间仅有50小时，是进口机的1/3，国内高端谷物联合收获机产业发展受到严重制约，令我国农业生产和粮食安全面临严峻挑战。

中心是由江苏大学牵头组建，集聚我国农业装备行业实力最强的5所高校、2个国家级科研院所、7家行业骨干企业及基地组成的重大研发创新平台。中心联合收获机团队在理论研究的基础上，联合沃得农机、雷沃重工、南京农机所等协同单位，开展了多作物履带式联合收获机关键技术协同攻关，取得重要创新成果。

中心创新了高效低损失双出风口多风道风筛式清选技术。中心揭示了潮湿物料群与清选筛面之间的接触碰撞机制，建立了物料群在筛面上的非线性运动迭代方程及清选过程中物料群的聚散响应、分层迁移和碰撞透筛耦合分析模型；提出了预清选、多次气流吹托和脱出混合物快速均布的多风道高效清选方法。中心创制了由双出风口多风道风机、回程输送板和双层振动筛组成的多风道高效清选装置，经检测，损失率、含杂率比日本久保田PRO988Q型产品分别降低35%和50%，清选效率提高30%。该成果达到国际领先水平，解决了高产水稻脱出混合物分布不均匀、籽粒透筛困难的难题。

中心研制了大喂入量有序脱粒高效分离方法与技术。中心建立了稻谷脱粒碰撞损伤力学理论，揭示了脱粒过程中稻谷内部微裂纹形成、损伤累积、应力裂纹扩展、谷粒破碎的损伤演化机理，首次导出了碰撞损伤临界速度公式。中心建立了作物由切流滚筒到纵轴流滚筒的“圆周-螺旋”复合运动模型，确定了横置切流和斜置纵轴流脱粒分离装置的空间交错对称配置技术方案。经检测，籽粒破碎率比具有国际先进水平的日本久保田PRO988Q型产品降低40%，且脱出物杂余减少30%以上，显著减轻了清选负荷，解决了高产水稻草谷比大、含水率高的低损伤脱粒难题。

中心研发了履带式车辆机械差逆转向变速技术。中心建立了单边制动和差逆转向时履带式底盘的运动模型，提出了转向时双侧履带阻力矩计算方法，揭示了滑转率对履带转向阻力矩的影响规律。中心创制了基于差速器、湿式摩擦离合器和液压无级变速器的整体式机械差逆液压无级变速装置，可实现履带式底盘单边、单边制动和原地差逆3种转向模式的自由切换。创制了差逆转向高承载低比压履带式底盘，承载能力提升40%；开发了大粮箱（容积增加78%）及快速卸粮装置，作业效率提高20%以上。

中心创新联合收获机作业状态多变量灰色预测模糊控制技术。中心建立了基于新陈代谢实时修正的多变量灰色预测模型，提高预测的稳定性和准确性，解决了控制滞后难题；发明了联合收获机作业速度自动控制和作业流程故障诊断装置，能制定多参数模糊控制规则，可实时监测联合收获机籽粒清选损失，融合作业状态的多变量灰色预测结果，自适应控制联合收获机作业参数，提高了整机收获适应性和可靠性。建立联合收获机作业状态信息模型，提出了多信息融合的故障诊断决策准则，实现联合收获机作业流程的故障预警和报警。使用联合收获机工作参数智能控制系统后，整机作业效率比同类机型提高20%～30%。经测算，安装智能化装置后的联合收获机每收获一亩地可以减少籽粒损失2.5公斤，每年可节约粮食50亿公斤，按粮食价格2.5元/公斤核算，全国范围内的农户可增收125亿元，经济效益显著。

中心依托江苏大学、沃得农机、雷沃重工、南京农机所多家协同单位优势创制的多作物深泥脚湿烂田履带式联合收获机，实现了小麦、高产水稻、谷子、高粱、玉米和青稞6种作物的高效低损兼收功能，已形成2个系列7个产品，实现了产业化，产品在江苏、湖南、湖北、浙江、海南、黑龙江等省份以及伊朗、印度尼西亚、斯里兰卡、孟加拉国等国家得到了广泛推广应用；近3年累计销售8.4万台，出口1.2万余台，实现销售收入74亿元，创造利润

5.6 亿元。经中国机械工业联合会鉴定，“农业物料多风道自适应清选技术与试验装置”成果达到国际先进水平，其中“多风道清选装置清选损失多变量模糊自适应控制技术”具有独创性。中心依托该项成果培养国家级人才 2 人次，核心技术荣获 2018 年度中国专利金奖（全国 10 项，农机领域为目前唯一）和 2018 年度教育部科学技术进步奖一等奖，显著推动了收获机械行业的技术进步和产业升级。

六、传承中华文化，服务经济发展与社会治理

中国特色社会主义进入新时代，不断提升的社会文明程度与现代化治理能力，是满足人民日益增长的美好生活需要的重要保障，也是建成富强民主文明和谐美丽的社会主义现代化强国的重要标志。江苏高校协同创新中心坚持以习近平新时代中国特色社会主义思想为指导，围绕“强富美高”发展目标，弘扬中国特色社会主义文化，创新经济发展模式，开展区域法治建设，有力推动了推普脱贫攻坚战，提升了公民道德与社会风尚，推进了区域经济转型发展，丰富了区域法制治理理论与模式，提高了社会治理科技水平，为建成文化强省与构建现代化治理体系提供了坚实基础，为区域精神文明和物质文明协调发展提供保障，助力建设“强富美高”新江苏。

（1）江苏师范大学语言能力协同创新中心——语言能力服务国家重大需求的理论与实践，在语言能力提升上精准扶贫

在社会发展程度较低、长期封闭的部分深度贫困地区，很多人因不懂普通话而无法在家乡以外的地区与人交流，也就难以通过外出就业摆脱绝对贫困。2018 年 1 月，教育部、国务院扶贫办、国家语委印发《推普脱贫攻坚行动计划（2018—2020 年）》，对这类需通过“推普”来精准扶贫的最难“啃”的“硬骨头”发起攻坚战。

中心利用协同优势深入推进语言能力多学科前沿研究，大力提升国家的语言能力，满足社会发展、科技创新以及关涉国家安全和国际竞争力的重大战略需求，努力建成我国各类语言能力标准制定与推广的重要基地，成为我国语言能力提升事业的“工作母机”，推动语言与文化的传承和创新。

中心创新了推普脱贫攻坚理论研究，明确了推普脱贫攻坚的对象和任务。依据脱贫攻坚时间紧迫性和普通话语言能力相关性，首次将贫困地区的贫困群体分为八类，明确了推普脱贫攻坚应聚焦第一至第四类不懂普通

话的少数民族贫困青壮年劳动力，使其到2020年具备普通话基本交流能力并实现“脱贫”；构建了“建档—教学—验收”三位一体的工作方案。根据国家战略部署，“推普脱贫”必须在2020年完成；根据中心的一线调研分析，以及组织大学生志愿者教学过程中的教学经验，贫困地区少数民族青壮年每年的农闲时间和各种节假日加起来只有一个月左右，仅有这些时间可以用于开展普通话教学。

之前对方言区说不好普通话者进行语音矫正的办法是通过一些零散辅导或者发放装有普通话教学软件的手机进行教学，且没有充分考虑到这类群体中有很多是不懂汉语或者是不识汉字的人，也没有充分考虑教学时段的安排，因此收效甚微。到验收环节，按照常规的普通话测试标准（二级、三级等）进行验收，达标情况欠佳，浪费了人力、物力、财力。

因此，为保质保量、如期完成推普脱贫攻坚任务，中心构建了“建档—教学—验收”三位一体的工作方案，在组织队伍入户调查、做实做细少数民族青壮年语言文字建档立卡和有针对性地编写教材、设计教法、进行教学培训的同时开展评估验收，找准了对象，用对了方法，节省了时间，起到了效果。

中心创新了推普脱贫攻坚实践模式，编写基于最简理论的少数民族语言对照版速成学习专用教材。中心经过研究认识到，语言本质上是人脑的一种机能，因此人脑中存在人类生存和思维必备的最简语言系统，这是生物遗传的人类共同的语言机制，包括基本思维和情感所需的词汇和语法。基于这种理论分析，中心编写了“少数民族语言对照版最简实用普通话100句”系列教材（共五册，分别为彝语对照版、傈僳语对照版、维吾尔语对照版、纳西语对照版和藏语对照版，面向深度贫困地区需要推普脱贫的少数民族青壮年），包括外出务工生存和生活最急需的常用词汇和100个最简核心句型，适合用一个月左右的时间学习。

中心设计了针对汉语零基础者的快速双语教学方法。从应用语言学理论的角度来说，这些不懂汉语汉字的少数民族青壮年学习汉语普通话就是习得其母语之外的第二语言，需要使用普通话和少数民族语言进行双语教学，同时还要确保其普通话基本交流能力“短期速成”。因此中心有针对性地设计了“协同教学”“同伴学习”“语流中学拼音”“场景中学句型”的快速双语教学方法，制定以掌握普通话基本交流能力（如掌握“少数民族语言对照版最简实用普通话100句”系列教材）为合格标准的评估验收方法。在语音上，以建立能区别意义的音位为标准，不在听音辨音上花太多时间追求音值和连续语流在韵律方面抑扬顿挫的完全精准；在实际应用上，以能够基本听懂和会说最简核心句型为标准，不过分追求讲解和辨析构成句子的词法和句法的有关理论；在教材规定的语言场景中，被测试人能听懂他人开启的话题，也能使用普通话核心句型主动开启话题，并延续、完成2～3轮的对话。

中心创新了发展路径，组织大学生志愿者团队实施推普脱贫攻坚。中心此前开展的推普脱贫攻坚工作主要由推普测试员、中小学教师和地方语委部门工作人员承担普通话教学任务。这些教学人员没有充足的时间，深入极度贫困偏远山区的民族聚居点开展教学工作的时间不能保证；他们也不够了解推普脱贫攻坚工作中存在的教学方法问题，教学上采用的仍是常规推普方法；大部分人不懂教学对象的民族语言，也很难承担双语教学的工作。因此中心创新路径，组织大学生志愿者团队实施推普脱贫攻坚，两年多来共招募108所高校1 000多人次的大学生志愿者，深入19个国家级贫困县143个深度贫困村，入户调查了近6 000名少数民族青壮年劳动力的语言文字掌握情况，并利用自编教材和自主设计的教法，对其中3 805名不懂普通话者进行教学培训，使他们在短期内就能模拟使用外出工作的普通话基本用语。

推普脱贫攻坚任务的完成只能使原贫困地区不会汉语的少数民族青壮年"速成"掌握初步的普通话交际能力，要真正掌握好普通话，不仅要学会口语，还必须识认汉字，能够使用汉语书面语，从而真正掌握国家通用语言文字，以便了解党的方针政策，融入现代社会生活。他们不仅要掌握各种职业技能，还要接受文化艺术熏陶、增强文化认同感和铸牢中华民族共同体意识，最终在经济和精神上彻底摆脱贫困、迈向富裕，所以推普脱贫不仅是简单的"扶智""扶志"，更是文化制度上的精准"扶制"，为有效衔接党的十九届五中全会提出的"十四五"乡村振兴工作奠定了战略基础。

中心运用语言能力新理论，不仅切实有效推进了推普脱贫工作的开展，更培养了一批具有"家国情怀"且具有高度使命担当意识的、能够承担完成国家重大战略任务的一代有为青年。对中心而言，推普脱贫工作不但是对语言能力新理论的一项检验，而且也使中心在教书育人方面走出了一条新道路。

中心的相关咨政报告获批国家社科基金重大委托项目"'推普脱贫攻坚'理论研究和数据库建设"，该报告部分可公开内容后发表于2020年10月24日的《光明日报》。受教育部委托，中心负责统筹组织全国的推普脱贫攻坚大学生志愿实践活动。所开展的工作获评2020年度江苏省智库实践十佳案例。

中心组织的该服务实践活动获《新闻联播》《朝闻天下》《新闻30分》《新闻直播间》《人民日报》《光明日报》《中国教育报》等媒体多次报道，其中在《人民日报》(2020年10月13日)关于新时代我国语言文字工作全面总结的重要文章中，江苏师范大学是唯一一家被提到的具体单位，文章报道了中心大学生志愿者2020年国庆假期仍在四川布拖县坚持开展推普脱贫攻坚实践活动的事迹。中心在服务国家重大需求的同时，也在人才培养上走出了新道路。大学生投身祖国建设的使命感和责任感及实践能力大为增强，多批学生获全国"推普脱贫攻坚"优秀团队称号、中国青年志愿服务项目大赛金奖、全国大学生"挑战杯"国赛二等奖等教育部和团中央的奖励。

(2) 南京大学区域经济转型与管理变革协同创新中心——打造创新经济学研究学术高地，服务国家和区域经济社会高质量发展

党的十八届五中全会提出了创新、协调、绿色、开放、共享的新发展理念，强调创新是引领发展的第一动力。党的十九届五中全会勾画了到2035年基本实现社会主义现代化的远景目标，开启全面建设社会主义现代化国家的新征程。在经济发展新常态下，需要以建设现代化经济体系来推动现代化，以创新引领现代化建设，以新发展格局推动现代化，大力发展创新经济才能实现转型升级和可持续发展。

中心的定位为建设江苏省高端智库，为区域经济的创新发展提供智力支撑并培养优秀人才。中心优化整合牵头单位南京大学的内部资源，探索与中共江苏省委研究室、江苏省社会科学院的协同创新模式，完善中心各项委员会与平台运行机制。

中心协同汇聚多方力量，在江苏的实践基础上探索中国特色政治经济学，形成洪银兴教授领衔，聚焦创新驱动、共享发展、高质量发展、现代产业体系研究的高水平创新团队，承担8项国家社科基金重大项目，创办英文期刊*China Political Economy*(《中国政治经学》)，举办2次省领导全程参与的江苏发展高层论坛，为政府决策科学化、民主化做出了有益的探索，已被社会各界视为南京大学社会科学研究继"实践是检验真理的唯一标准"之后的另一个重要的学术品牌，中心专家有关"化工围江"治理的政策建议等智库成果获党和国家领导人批示。

中心编著了《现代经济学大典》，向世界展现中国经济学研究新进展。

《现代经济学大典》由洪银兴教授担任主编，是一部以中国改革发展的实践为背景，以中国经济学的理论发展为线索，以解读中国奇迹之"谜"为己任，向世界展现中国经济学研究蓬勃发展和中国经济学者不懈探索的鸿篇巨制。全书分上、下两卷，按照涉及学科划分为14册分开发行，总字数约500万。全书囊括了经济学各个学科，涉及理论经济学和应用经济学两个一级学科门类的14个学科或领域，是中国特色经济学的一部"典籍"；对各个词条不只进行一般的名词解释，而是突出"论"，是现代经济学的一部"百科全书"。《现代经济学大典》对中国改革与发展的成功实践做出了理论总结和概念提炼，突出反映了中国改革与发展30多年来中国经济学的研究成果，力求把中国经济学推向世界，让中国道路、中国理论、中国制度以中国话语被世界所知、所享，是一本高读者定位、高学术水平的辞典。

《现代经济学大典》自出版以来，产生了巨大的社会影响，得到《人民日报》和"中新网"报道。目前国内已有210家单位收藏了该成果，其中包含高校181家、各省市公共图书馆10家。图书已与国际知名出版机构施普林格出版集团正式签订了英文版出版合同，将成为首部输出海外的综合类经济学辞典。《现代经济学大典》于2020年获得教育部第八届高等学校科学研究优秀成果奖（人文社会科学）一等奖，是江苏省唯一获得一等奖的经济学著作。

中心建设中国特色社会主义政治经济学课程集群，推进新时代高校经济学人才培养迈向更高水平。为解决马克思主义政治经济学基本原理以及中国特色社会主义经济理论研究和教学实践如何有效结合的难题，中心坚持马克思主义政治经济学的基本理论和方法，立足中国特色社会主义经济建设的实践经验，探索讲好中国故事、发展中国理论、传播中国思想的方法，打造中国特色社会主义政治经济学课程集群，为我国社会主义建设培养经济学高端人才，形成了中国特色社会主义政治经济学课程集群。课程集群确立了中国特色社会主义政治经济学在其中的指导地位，包括马克思主义政治经济学课程模块、社会主义政治经济学课程模块、中国经济运行和发展课程模块。三大模块相互支撑，层层递进，从理论到实践，从研究到应用，为学生的知识学习、能力发展、价值观树立提供了系统、全面、深刻的滋养，依托理论和实践研究两大类平台，构建了理论研究成果向教学成果转化的机制。

课程集群线索清晰，紧密整合，发挥学术带头人和国家教学名师的引领和凝聚力量，以中国特色社会主义政治经济学前沿理论研究和中国特色社会主义经济建设的实践经验为两条线索，将课程编织起来；突出强调中国特色，即“立足中国现实、总结中国经验、服务中国发展”；将学生学有所得、学有所成作为课程建设的出发点和归宿。学生在学习完相关课程后，普遍感受到课程集群中的课程不仅具有很强的理论性，同时具有极强的现实感。该成果先后获得2018年江苏省高校教学成果奖特等奖、2019年国家级教学成果一等奖。洪银兴教授作为中国特色社会主义政治经济学课程集群的领衔专家，受邀赴北京领奖并受到了习近平总书记的亲切接见。

中心充分发挥智库决策咨询职能，服务现代化经济体系建设。中心与江苏省社会科学院、中共江苏省委研究室和昆山市人民政府紧密协同，进一步实现了理论研究、应用研究与政策研究的结合。中心牵头成立了南京大学长江产业经济研究院，并顺利成为国家级智库培育单位，形成了以省协同创新中心为枢纽，“教育部基地—省协同创新中心—国家高端智库”分工协作三位一体的运行模式。

中心通过智库直通渠道和智库专报等形式，持续将智库类研究向上汇聚。目前已向国家部委、地方决策咨询部门报送决策咨询报告206份，获批示64份，其中正国级5份、副国级6份、省部级49份，4份报告被中宣部采用。同时，中心还向地方政府报送《智库专报》26篇，其他各类政策建言24份，其中有6份获得省部级领导批示，1份被教育部采纳。此外，中心积极利用全媒体，形成面向公众的信息传递网络。中心坚持利用重要的主流媒体宣传各项工作和专家的研究成果。同时在高端智库建设中通过微信公众号等新媒体，发表各类观点性文章近500篇，文章累计点击量达100万。

(3) 东南大学公民道德与社会风尚协同创新中心——中华伦理记忆与道德发展的中国话语和中国理论创新

中心以文化传承和服务国家重大需求为使命，聚焦当代中国公民道德与社会风尚发展的重大现实前沿和尖端理论问题研究，发现“中国问题”，形成“中国话语”，建构“中国理论”，取得了丰硕的研究成果。

为服务文化传承的国家战略，中心已建立道德国情数据库、中国伦理道德发展报告、道德生活口述史和测评体系等，全方位、立体化呈现中华伦理的集体记忆和时代记忆的伦理记忆工程。同时，聚焦当代中国公民道德与社会风尚发展的重大现实前沿和尖端理论问题，以中国话语进行理论创新，形成以“东大伦理”工程为代表的学术成果。

中心构建了“道德国情”大型数据库与信息库。中心以“道德国情”调查为基础建立道德国情大型数据库，形成改革开放以来中国伦理道德发展最专业、最系统、最全面的数据库和信息库。道德国情数据库：中心在2007年、2013年、2017年分别以党的十七大、十八大、十九大为时间节点，与北京大学等协同先后完成三轮中国道德国情调查、六轮江苏道德省情调查，出版《中国伦理道德发展数据库》共7卷12册1 000多万字，其中包括中国伦理道德发展数据库、江苏伦理道德发展数据库、诸社会群体伦理发展比较数据库、江苏省与全国道德发展比较数据库等10多个数据库，集中呈现了改革开放40年中国伦理道德发展的轨迹。重大伦理事件信息库：中心追踪国内外重大伦理事件，启动并持续推进建设世界重大伦理事件信息库、中国重大伦理事件信息库。社会伦理表情图库：通过推进教学科研一体化改革，创新研究方法和人才培养方式，在东南大学秉文试验班伦理课程教学中发动学生原创建立伦理表情图说，培养其伦理敏感度和伦理理解力，积累了近5 000份学生的伦理表情图，同时向社会广泛征集伦理表情图片，激活社会的伦理意识和伦理良知。道德生活口述史：组织学生深入家庭、社区和乡村，采集道德生活口述原始资料，在大变革时代较为完整地保留一代人的集体伦理记忆，已完成500余份深度访谈录音，整理文字资料1 000多万字。抗疫重大伦理事件信息库：依托国家重大课题“改革开放40年来中国伦理道德数据库建设研究”开展新冠疫情事件的伦理研究，较为完整地保留和记载疫情期间的中国伦理记忆。

中心开展了“东大伦理”理论创新工程。针对目前国内哲学社会科学基本概念多来自西方，对西方理论过度依赖的研究现状，中心以文化传承为使命，着力提振文化自信，探索原创性伦理学理论研究，形成自主研究格局，持续推进“东大伦理”理论创新工程，目标是通过若干年努力出版100卷具有显著“东大伦理”标识的学术研究著作，打造伦理学研究的东大学派和东大气派。

中心出版“东大伦理”系列著作。“东大伦理”系列著作是这一工程的主体，已经成长为东南大学伦理学团队的品牌标志，目前已公开出版60多部著作。系列著作以道德哲学、科技伦理、重大应用为“东大伦理”三原色，自觉用中国概念、中国话语、中国理论解释和解决中国问题，针对中国问题提出中国方案，建构中国理论，有力推进了中国特色伦理学研究，形成了“道德形而上学三部曲”等标志性研究成果，“东大伦理”三原色中的道德哲学与重大应用两方面的特色与优势已经形成。

中心发表系列高端学术论文。在《中国社会科学》《哲学研究》《社会学研究》等权威刊物上发表系列高端学术论文，从理论研究、实证研究、实验研究等多方法多维度描绘和探索改革开放以来中国伦理道德的发展轨迹，揭示伦理道德发展规律，解释和解决中国伦理道德发展的创新性发展和创造性转化的重大课题。代表性成果，如在《中国社会科学》组稿发表的"'当代社会的伦理信任问题'笔谈"等深度阐发和形成了"伦理精神""道德发展""伦理形态"等具有独特"东大伦理"气质的基本概念与研究方法。

中心发布战略性研究报告。早在 2012 年，东大伦理学团队发布的 200 多万字《中国伦理道德报告》《中国大众意识形态报告》就在全国引起很大反响，得到时任中央政治局常委的重要批示。中心建立后，根据六次全国和江苏伦理道德大调查数据，公开发布 4 册 300 多万字《中国伦理道德发展报告》，在《中国社会科学》等刊物发表 10 多篇战略研究报告，多篇报告被《光明日报》内参采纳或入选智库专报。

中心举办国际高端论坛。"东大伦理"理论创新工程通过组织国际论坛搭建高端对话平台，在 2017 至 2019 年期间成功举办两次三百人以上的国际论坛，即"伦理共识与人类道德发展"国际论坛、"伦理道德发展的文化战略"国际会议，还举办了两届长江学者论坛、一次两百多人的伦理道德国情研究全国论坛。

中心组织了江苏道德发展状况测评体系。江苏道德发展状况测评体系的建立和实施，既是中心配合江苏省委宣传部和江苏省文明办进行的重大理论创新和实践创新，也是在"东大伦理"理论研究和国情调查实证研究基础上进行的重大实验研究，可谓是伦理道德的理论创新和实践推进在江苏进行的一场重大文化试验和社会试验。自 2016 年以来，中心协同江苏省文明办和北京大学中国国情研究中心，由江苏省文明办对江苏省 13 个设区市、县(市)实施道德发展调查评估，在海量调查和科学测评基础上计算出道德发展指数，由江苏省文明办以红头文件的方式发布。这是中心协同江苏省委宣传部和江苏省文明办在全国推进的具有理论和实践双重创新意义的举措，是全国首创也是全国唯一，与《中国伦理道德发展数据库》《中国伦理道德发展报告》一道形成中心协同创新的三大品牌。该体系为四大理论和实践创新所构成的协同创新体系。

为构建测评体系的理论框架，中心首席专家樊和平教授创造性地建立并论证了伦理道德发展的“七力体系”，即公民的道德自主力、家庭的伦理承载力、集团的伦理建构力、社会的伦理凝聚力、政府的伦理公信力、生态的伦理亲和力、文化的伦理兼容力，在《道德与文明》(2017年4月)以“伦理道德，如何才是发展”为题对道德发展测评建构理论模型进行学术论证，这是理论研究向实证和实验研究转化的重要推进。

在测评调查所获得的海量数据基础上，中心进行了非常复杂的数据分析，最后得出江苏省13个设区市、县(市)的道德发展指数，由江苏省文明办以红头文件方式向全省发布，并根据测评调查中发现的问题进行专门研究和有针对性的整改和推进。

中心先后协同省文明办组织实施了2016—2019年度连续4年的测评工作并牵头撰写发布该年度的《江苏省道德发展状况测评分析报告》，有力地增强了道德建设的针对性和实效性，在诸多方面都具有先行先试的积极意义，得到了中央有关部门高度肯定，为未来研制全国性的道德发展状况测评体系作出了有益探索。

(4) 南京师范大学立德树人协同创新中心——面向教育改革重大现实，创新研究教育改革的体制机制支持

党的十八大以来，为推动落实立德树人根本任务，使教育更加符合人才成长规律，围绕教育事业发展中的重点、难点、堵点问题，党和国家深入开展了教育领域综合改革。中心以服务立德树人重大需求为指向，以引领青少年儿童健康成长为宗旨，以构建立德树人实践体系为核心，致力于为国家立德树人事业提供理论支撑、实践指导和政策咨询。中心对教育改革的基本理论问题进行系统思考，并就教育公平的制度构建等全局性的重大改革问题，以及学前教育公益普惠发展、基础教育育人方式转变等关键改革问题开展创新研究，取得了一系列成果，为国家和地方教育体制机制改革提供了重要的咨询意见。

中心全面研究教育公平问题，创新构建新教育公平的理论体系与实践机制。以党的十九大和十三届全国人大一次会议为标志，“发展公平而有质量的教育”为我国新时代教育事业的改革与发展奠定了基调，指明了方向。然而，如何在新时期理解与实现教育公平，仍是一个理论上模糊、实践上困难的问题。聚焦于此，中心成员对教育公平理论进行了反思与重构，提出了“三重转换”的改革思路。研究认为，新时代的教育公平所关注的范围应该更为宽广，不仅关注入学机会保障等宏观制度与政策的公平，还需要注重微

观过程的公平，并着力追求教育质量的公平，以此真正实现从“有学上”到“上好学”的转变。要实现此目标，推进教育公平的改革举措，不仅要注重外部社会支持问题，还要同时注重学校教育内涵式公平，即从“聚焦内部”到“内外兼顾”。相应地，理论和政策上的研究，在关注基本问题、一般问题的同时，也要关注具体细微的实践问题，即从“理论思考”到“思考与行动的结合”。通过这些转换，中心团队建构了以人为核心评估域的新教育公平理念，探讨了其社会支持策略及相应的学校变革实践，出版“新教育公平研究丛书”6 本，并有 3 篇论文被《新华文摘》全文转载。

(5) 南京师范大学区域法治发展协同创新中心——面向国家区域发展战略需求的区域法治发展理论与实践创新

党的十八大以来，党中央提出了京津冀协同发展、长江经济带发展、共建“一带一路”、粤港澳大湾区建设、长三角一体化发展等新的区域发展倡议、战略。2019 年 8 月 26 日，在中央财经委员会第五次会议上，习近平总书记强调，现有经济形势对区域协调发展提出了新的要求，要根据各地区的条件，形成几个能够带动全国高质量发展的新动力源，特别是京津冀、长三角、珠三角三大地区，以及一些重要城市群。

中心以区域法治发展中的重大理论和实践问题为研究重点，旨在为区域法治发展和法治中国建设提供对策建议。通过法治化手段推动区域协调发展，不仅是实现区域经济协调发展战略目标的正确路径，还是依法治国、建设社会主义法治国家的重要内容。各具特色、程度不同的区域法治发展及其不平衡性，构成了当代中国法治发展进程的区域性的表现形态。中国区域法治发展不但反映了法治中国建设的基本轨迹，而且成为创新区域社会治理体系、推进国家治理现代化的重要载体。对区域法治发展进行系统研究，有助于深刻把握当代中国的法治国情特点，科学揭示法治中国建设的基本规律，为深入谋划全面推进法治中国建设的战略与策略问题提供可行且可靠的选择路径。

中心作为文化传承创新类协同创新机构，以区域法治发展为立足点和基本架构，理论与实践相结合，为文化传承创新贡献智识。

中心在区域法治发展的元理论上获得重要突破。培育了交叉和新兴学科，“区域发展法学”交叉学科理论体系已初步形成，初步确立了区域发展法学的研究范式，初步形成了区域发展法学的概念体系。由公丕祥、龚廷泰担任总主编的《马克思主义法律思想通史》(4 卷本)于 2017 年荣获第四届中国出版政府奖图书奖，于2020年荣获教育部第八届高等学校科学研究优秀成果奖（人文社会科学）一等奖。胡玉鸿教授撰写的《人的尊严的法律属性辨析》获教育部第八届高等学校科学研究优秀成果奖（人文社会科学）二等奖、江苏省哲学社会科学优秀成果奖一等奖。中心研究人员发表的《空间关系：区域法治发展的方式变项》《法治中国进程中的区域法治发展》《区域法治发展的法理学思考——一个初步的研究架构》等研究成果，形成了以空间关系分析为纲，以个别化分析为目，综合运用类型分析、比较分析、样本分析等分析工具的关于区域法治发展研究的多层次、立体化方法论体系。

中心在区域法治发展的规范论上作出重要成果。周佑勇教授撰著的《行政裁量基准研究》，获教育部第八届高等学校科学研究优秀成果奖（人文社会科学）一等奖。刘艳红教授的《网络时代言论自由的刑法边界》获江苏省哲学社会科学优秀成果奖一等奖。方乐教授的《民国时期法律解释的理论与实践》获教育部第八届高等学校科学研究优秀成果奖（人文社会科学）青年成果奖。夏锦文教授的《现代化陷阱：类型识别及中国应对》、陈朋研究员的《推动容错与问责合力并举》等论文被《新华文摘》全文转载。此外，中心人员在《中国社会科学》等期刊发表了重要论文32篇，撰写出版了《当代中国的家事司法改革：地方实践与经验》《区域立法与区域治理法治化》等11部区域法治发展著作。

中心在区域法治发展的实践论上承接重要项目。承担了重要科研项目：周佑勇教授的“面向诉讼全流程的一体化便民服务技术及装备研究”获批国家重点研发计划重点专项。杨登峰教授的“新时代中国改革创新实验的法治问题研究”、上官丕亮的“社会主义核心价值观与文化法律制度的构建研究”等5项获批国家哲学社会科学基金重大项目。张清教授的“包容性法治社会实现机制研究”等6项获批国家哲学社会科学基金重点项目。承担了重要实践项目：中心人员受委托对法治社会建设展开专门研究，为《江苏法治社会建设指标体系（试行）》的制定奠定了坚实的理论基础，提供了有力的理论指导。该指标体系在全省施行，为全国首创，得到了全国普法办的充分肯定和高度评价，为党和政府科学决策提供了智力支撑。二期建设期内，中心共发表决策咨询报告166篇，其中27篇受到省级领导批示。中心解决了区域法治思想库与文化工程建设的重点问题。中心人员受江苏省人大常委会委托负责大运河文化带建设立法调研工作，为大运河文化带建设地方立法工作提供智力支持和决策参考，其中两份报告及建议获省级领导批示，一份报告获国际论坛采纳，并被评为“江苏智库实践十佳案例”。

中心为党和政府科学决策提供智力支撑。中心人员先后在江苏省委宣传部《智库专报》、中国法学会的成果要报、《新华日报》智库专栏、江苏省社会科学院《决策咨询专报》等发表决策咨询报告166篇，其中27篇受到省级领导批示。何雨、徐琴研究员的《区域协调合作发展的江苏经验：来自苏宿工业园区的启示》获时任江苏省长的肯定性批示。依托中心打造的中国法治现代化研究院于2018年获中国智库索引（CTTI）高校智库25强，荣膺A＋等级。中国法治现代化研究院开展的“中国十大法治影响力事件”，荣获“2017CTTI-BPA智库最佳实践奖”一等奖。相关成果为推进中国法治现代化研究发挥了重要作用。

（6）南京理工大学社会公共安全科技协同创新中心——协同攻关提升社会公共安全保障能力

《中共中央关于制定国民经济和社会发展第十四个五年规划和二〇三五年远景目标的建议》中明确指出，在维护社会稳定和安全方面，要构建源头防控、应急处置等的社会矛盾综合治理机制。加强社会治安防控体系建设，坚决防范和打击暴力恐怖、黑恶势力、新型网络犯罪和跨国犯罪，保持社会和谐稳定。

中心面向社会公共安全科技创新的科学前沿问题和行业瓶颈，整合高校、研究院所、龙头骨干企业等单位的科技创新资源，以提升自主创新能力为主线，搭建学科、人才和科研三位一体的高水平协同创新平台，开展社会公共安全预防、预警与应急管理等关键技术创新，形成创新理论、关键系统、特种装备、高新产品的开发和标准化能力，强化科技成果在公安、危险品检测、智能安防等领域的引导示范、转化推广，为“平安江苏”建设和我国经济社会稳定提供重要的技术和人才智力支撑。中心针对社会公共安全监控、信息处理、决策控制等一体化建设需求，在环境感知、内容理解、指挥控制等方面实现了基础理论研究和系统研制重大突破，提升了公共安全核心技术与装备的自主研发与工程技术能力，促进了社会公共安全科技更好地向现实生产力和公安战斗力转化。

中心实现了时延系统理论原始创新，解决了面向社会公共安全的环境感知、内容理解及指挥控制等关键核心问题。超高灵敏度成像是军民两用核心技术，其高端器件一直受到西方国家封锁。中心团队在国内首次提出了“全固态电荷倍增图像增强”的概念，研制出我国首个电荷倍增图像增强CCD器件，解决了图像增强器件大容量电荷转移和大动态范围成像的技术难题，实现了昼夜自适应成像，建立了我国第一条全固态电荷倍增图像增强CCD器件生产线，系列产品已逐步替代真空像增强器件，应用于通用夜视装备等领域。研究成果使我国具备了固态图像增强器件的自主研发和生产能力，我国成为继英美之后第三个掌握同类技术和器件的国家，打破了该器件完全依赖于进口的被动局面，实现了核心器件的自主可控，该成果获国家技术发明奖二等奖。视觉信息有效表征和图像视频实时分析处理已成为当前图像视频智能处理领域迫切需要解决的共性基础问题。中心团队针对图像结构表征与识别、高通量图像视频计算理论与方法开展基础和应用研究，提出了基于线性结构建模的图像表征理论与方法、高通量图像视频计算理论、高通量图像视频分析方法及高通量视频编码方法。研究成果为互联网图像视频内容监管、大规模视频监控、图像视频搜索等重要应用提供了关键技术支持，获国家自然科学奖二等奖、江苏省科学技术奖一等奖、教育部自然科学奖一等奖。信息传输与共享广泛存在于装备系统、精密加工等军民两用领域。中心团队针对此类系统中普遍存在的通信时延导致指挥、控制任务失败的瓶颈问题，完善了一大类线性和非线性系统的稳定性理论；发现了若干时延相关稳定性分析方法之间的内在联系，为时延系统稳定性分析方法体系的统一提供了理论基础；通过提出新的性能指标和设计方法，获得了时延系统鲁棒控制和状态估计理论的新结果，拓展了时延系统鲁棒控制理论体系，为指挥、控制系统分析与设计提供了理论支撑。研究成果获国家自然科学奖二等奖。

中心研制出智能控制支撑软件系统技术，满足了智能平台无人化、智能化、多平台协同的需求。中心形成了一套涵盖底层操作系统、基础支撑环境和共性功能构件的全国产化通用无人装备智能控制支撑软件系统，为特种侦察、反恐维稳等提供了现代化手段。面向智能平台无人化、智能化、多平台协同的发展要求，重点研究了无人化系统体系架构和基于视觉等传感器的目标、环境分析，理解共性功能构件和底层操作系统与基础支撑环境，形成了我国具有影响力的通用无人化系统体系架构，为陆上和海上无人系统的高效开发提供了参考模型。根据智能控制软件实时性和可靠性的共性特性，中心设计实现了我国第一个具有标准化、开放特征的标准参考功能构件集。面对体系化、层次化、网络化、智能化的发展趋势，研究了新一代无人智能系统底层操作系统和基础支撑环境，实现了层次化的基础软件模块和配套的集成开发环境，摆脱了对国外操作系统的依赖，实现完全自主可控。部分成果已被转化应用到地面微小型机器人系统，为特种侦察、反恐维稳提供了现代化手段。部分成果在面向警用装备方面进行了示范性集成，开发了无人化穿墙探测机器人、遥控移动式危险品X线探测机器人，在大大提高人员安全性的同时，也提高了侦察处置效率。

中心探索了服务区域行业人才需求的“人工智能+”新工科人才培养新模式。中心根据行业产业对专业人才的需求，增设机器人工程、网络空间安全等行业急需专业，完成微电子科学与技术新专业的学士学位授权审核。瞄准战略性新兴产业发展需求，成立人工智能学院、人工智能研究院、网络空间安全学院、工业互联网研究院，通过“国家网络安全产业园”等重大平台建设，提高科技创新与人才培养协同效应；积极开展创新创业教育，搭建机器人创意工作室、智慧交通工作室、智慧网络创意工作室等多个“X・Space创客空间”，2017年中心牵头高校获批“国家创新创业示范基地”。中心联手菲尼克斯和江苏省经信智能制造研究院，在麒麟科创园共建了南京机器人研究院，为区域行业产业创新发展提供技术支持。中心紧紧围绕社会安全、国家安全创新发展需求，在电子信息领域、军民两用技术领域推进区域军民融合建设与发展。中心先后联合江苏省军区、江苏省发展改革委、滁州市人民政府、盱眙县人民政府等，共建军民融合科技实验基地与“产学研”合作基地，成立了江苏省军民融合发展研究院、江苏省国民经济动员中心协同创新联盟、中国电子学会军民融合推进委员会，承担了南京市、淮安市等多个区域“十四五”军民融合发展规划课题，形成了满足区域发展需求的军民融合创新发展能力。

第四章

江苏高校协同创新工作总结与展望

一、江苏高校协同创新工作存在的不足

江苏高校协同创新计划经过八年的实践和探索，江苏高校协同创新中心建设取得了全国公认的显著成效，对江苏高校的发展影响深远。江苏高校协同创新工作在推进协同创新中心建设过程中也显现出一些问题和不足，主要体现在以下几个方面。

（1）体制机制改革有待进一步深化

持续深化协同创新中心体制机制改革，是实现协同创新的必由之路。部分牵头高校和协同创新中心对协同创新的本质内涵和“三位一体”的建设要求认识仍不到位，把协同创新中心等同于一般科研平台，还没有完全建立起与新时代科技创新使命要求相适应的协同创新体制机制，制度创新未能得到有效突破，因此作为高等学校综合改革试验区的效应尚未凸显。

（2）协同攻关合力不足

部分单位之间的协同程度不高，资源共享与合作攻关不够有力，协同效果不明显。说得具体一点就是表面上、形式上在一起了，而实质上没有协同。存在协同单位各行其是的现象，集聚效应和协同优势没有显现出来，人才、资本、信息、技术等创新要素的活力没有得到充分释放。这些问题的存在导致协同创新标志性成果不多，协同创新的影响力和贡献度不够突出，与江苏省委省政府的要求、社会的期待、高质量发展的需求仍有一定距离。

（3）标杆效应不明显

缺少全国公认的标杆性协同创新中心，未能有力支撑国家层面的重大

科学平台(综合性国家科学中心、国家实验室等)建设。国家在合肥、鹏城、张江、昌平已先期挂牌组建了4个国家实验室,江苏已然缺位。这与江苏作为科教大省、人才大省的地位不相匹配。江苏也遗憾地错过了成为新一轮国家科技创新和产业变革领头羊的机遇。这说明江苏高校协同创新计划在支撑重大战略方面仍有不足,提升空间很大。

二、江苏高校协同创新工作建议

江苏高校协同创新计划已进入第三建设期,计划的实施易形成惯性思维,尤其是在改革方面易出现裹足不前、按部就班的现象。为继续大力推进协同创新工作持续深入实施,应该早谋划、早行动,尤其是在总体布局与体制机制改革方面要大胆开拓。

(一) 宏观层面

(1) 开展中长期规划的顶层设计,坚持整体推进和重点领域相结合的全面发展

当前,国际形势日益复杂,世界范围的科技活动发生深刻变化,出现以科技竞争为核心的全面竞争态势。"十四五"是"两个一百年"奋斗目标的历史交汇期,也是江苏高校协同创新计划正式步入第三建设期的关键时刻,建议结合协同创新中心第三期发展规划编制工作,对标国家"十四五"规划和2035年远景目标,持续强化顶层设计,适时开展江苏高校协同创新计划中长期发展规划(2021—2035)编制工作。以长远观点超前谋划江苏高校协同创新计划的目标任务,主动应对全球科技创新发展趋势,牢牢把握国内外竞争的先机和主动权。以体制机制促进科技创新和产业发展,坚持整体推进和重点领域相结合的原则,全力推进江苏协同创新计划整体持久发展。同时围绕国家重大需求,在江苏高校协同创新优势领域,全力打造更具优势的江苏高校协同创新品牌。

(2) 将江苏高校协同创新中心整体打造为国家区域创新战略科技力量

江苏高校协同创新中心的总体数量在全国位居前列,协同的单位数量、培养和引进的高层次人才、汇聚的科研资源等均已形成一定的规模和体量。共协同了799个单位,其中高校院所405个、骨干企业340个、政府机构及行业协会等54个。同时,江苏作为全国科教大省,高校众多、高原厚实、高峰涌

现，高层次人才资源丰富，学科布局完备，产业基础雄厚，创新氛围浓郁，这些优势为江苏高校协同创新计划的持续深入实施并始终保持全国领先地位提供了有利条件。这样一支集团军力量正在逐渐形成，为将江苏打造成为国家区域创新战略研究力量提供坚实基础。当前国家正在优化调整创新体系，建议结合江苏在国家区域创新体系的实际需要，围绕亟需解决的关键问题，以建设世界一流平台为目标，按照“需求导向、协同攻关、深度融合、创新引领”的原则，以体制机制改革为动力，以加强人才团队建设为基础，以增强科技创新能力为核心，以国家实际创新需求为牵引，立足学科前沿，通过强强联合、优势互补，着力突破学科、学校、行业和地区壁垒，全力集中人力、物力和财力，推进各协同单位的贯通互动，实现在重大科学问题、应用技术研究、人才培养和学术交流、公共资源共享等方面的协同合作、创新和发展，将江苏高校协同创新中心整体打造为国家区域创新战略的重要科技力量，为更好服务江苏“争当表率、争做示范、走在前列”作出新的贡献！

（二）微观层面

围绕“卡脖子”技术难题，在国家亟待攻克的集成电路、碳达峰碳中和等关键技术领域新增省级协同创新中心，采取“揭榜挂帅”的方式进行遴选和认定。

在江苏高校协同创新计划实施和协同创新中心建设过程中，仍然存在一些问题和不足。对于国家亟待解决的“卡脖子”难题，协同创新布局不够。新一轮科技革命使得科学技术的更新迭代加速，经济社会发展的新需求不断催生出新领域、新方向、新学科。2021 年 1 月 13 日，国务院学位委员会、教育部正式设置“交叉学科”门类，新增“集成电路科学与工程”和“国家安全学”两个一级学科。这些学科领域迫切需要高校主动开展协同创新、学科深度交叉融合以及培养高层次创新型、复合型、应用型人才。而第二建设期以来，江苏省尚未能及时布局新增省级协同创新中心，一方面由于教育部在国家“2011 协同创新中心”的建设方面处于“停滞状态”，影响了高校的积极性，客观上造成高校主动作为不够；另一方面也由于江苏省财政经费收紧，未能持续实施新增省级协同创新中心的工作。

近年来，美国对中国发起贸易战、科技战，凸显出我国在科技领域的短板，尤其是在集成电路、碳达峰碳中和等高技术领域存在诸多难题。协同创新应该义不容辞地挑起这些重担，通过“产学研”协同攻克这些难题。通过一期、二期建设，江苏省已形成国家、省和高校三级协同创新体系。但现有体系也存在布局僵化的问题，不能形成“鲇鱼效应”。值此新一轮建设期开端，也是“十四五”开局，江苏高校协同创新计划将进一步构建与高质量发展要求相协调的协同创新中心布局。根据“需求导向、全面开放、深度融合、择优支持”的布局，面向国家重大需求的领域前瞻性优化布局协同创新中心，把解决科学前沿难题、解决行业困境与促进社会发展等作为新增协同创新中心的重要指引。围绕国家和江苏高质量发展亟需的集成电路、碳达峰碳中和等领域布局省部共建协同创新中心，引导和支持校级协同创新中心建设，采取“揭榜挂帅”方式，遴选和认定一批优秀的校级协同创新中心进行培育，适时充实到省级协同创新队伍中，推动江苏高校协同创新整体水平迈上新台阶，保持江苏高校协同创新工作在全国的领先位置。

(1) 坚持以质量和贡献为核心，持续优化绩效评价方式，注重过程管理，避免“一锤定音”

江苏高水平大学建设领导小组办公室持续优化绩效评价方式。绩效评价四年一次，平时管理缺乏抓手。年度进展报告是一个比较真实的数据样本，可委托第三方进行年度评价，建立年度发展指数，作为“平时成绩”，向中心发布。绩效考核可采取“平时成绩＋考核成绩”的综合评价方式，强化协同创新中心的过程管理。进一步落实“破四唯”，建立以质量与贡献为导向的新的评价体系。

(2) 进一步加强绩效评价的引导，对二期绩效评价结果为A＋类、培育类、自主类协同创新中心开展中期考核。重点检查A＋类协同创新中心的标杆性够不够，如果达不到，可降为A类；培育类、自主类协同创新中心如果仍然没有加强建设，没有取得较大改观，要坚决摘牌。

(3) 按照科研经费管理江苏高校协同创新经费

江苏高校协同创新计划的专项资金按照“高等教育”专项实施年度预算管理。一直以来，很多高校和科研人员反映，该专项的实质都是开展科研工作，协同创新建设周期是4年，经费的使用却没有按照科研项目经费管理，而是按照教育专项经费管理，年度资金使用结转到下一年度，没有使用完的经费要全部收回，这就造成项目周期还未结束，而分年度的结余结转经费被收回的现象。这给高校和科研人员带来极大的困扰和不便，不利于协同创新工作的持续开展。

江苏高校协同创新的实质是科研创新活动，其资金具体支出与科研项目支出完全一致，都是紧密围绕科研活动展开的。科研经费管理是科技管理改革的重要内容，对于更好地激发科研人员积极性、促进科技创新具有重要意义。习近平总书记提出，给予科研单位更多自主权，赋予科学家更大技术路线决定权和经费使用权，让科研单位和科研人员从繁琐、不必要的体制机制束缚中解放出来！进一步改革完善科研经费管理，既有现实要求，也有明确方向。从有利于协同创新资金管理、有利于最大限度发挥财政资金引导效益来说，理应将该专项列为科研项目管理，这样才能更有利于激发高校和科研人员的创新动力和积极性。

三、江苏高校协同创新愿景

（1）坚持深化体制机制改革，推动协同创新中心成为科技创新的引领示范模式

从时代发展的内在要求看，科技创新的竞争日趋激烈。今后大国竞争的焦点在科技竞争、人才竞争。科技创新模式是科技创新的重要支点。协同创新仍然是一种重要的创新模式。

习近平总书记于 2020 年 8 月 24 日在经济社会领域专家座谈会上的讲话中深刻阐述了“以科技创新催生新发展动能”，指出“我们要充分发挥我国社会主义制度能够集中力量办大事的显著优势，打好关键核心技术攻坚战。要依托我国超大规模市场和完备产业体系，创造有利于新技术快速大规模应用和迭代升级的独特优势，加速科技成果向现实生产力转化，提升产业链水平，维护产业链安全。要发挥企业在技术创新中的主体作用，使企业成为创新要素集成、科技成果转化的生力军，打造科技、教育、产业、金融紧密融合的创新体系。基础研究是创新的源头活水，我们要加大投入，鼓励长期坚持和大胆探索，为建设科技强国夯实基础。要大力培养和引进国际一流人才和科研团队，加大科研单位改革力度，最大限度调动科研人员的积极性，提高科技产出效率。要坚持开放创新，加强国际科技交流合作”。这一阐述为协同创新的发展指明了方向，那就是要进一步深化体制机制改革，强化协同创新优势，充分协同发挥“政产学研”各方力量，打通从基础研究、应用研究到成果转化全链条的科技创新体系，驱动协同创新成为科技创新的引领示范模式。

（2）坚持交叉融合，推动协同创新中心成为国际一流平台

从世界范围看，美、日等发达国家均把科技创新作为国家重要发展战

略，发展科学技术是提升国家核心竞争力的重要途径。1945 年 7 月，在第二次世界大战即将结束之际，范内瓦·布什（Vannevar Bush）的《科学：无尽的前沿》（*Science, the Endless Frontier*）发表。在雷达、青霉素以及随后的原子弹在“二战”中的决定性作用向世人突显的时刻，这篇报告把发展科学技术作为美国战后建设的一个核心任务提出，为战后美国科学技术的发展指明了方向，成为美国科技政策的蓝图和里程碑。70 多年来，美国在科技创新和研究方面一直处于世界领先地位，这在很大程度上要归功于布什在 1945 年的报告中提出的战略设计。

当今科技竞争日趋激烈，既充满机遇，又存在挑战。交叉融合必将成为新一轮科技革命和产业革命的潮流。我们必须摆脱惯性思维，抓住科技创新模式变革的重大机遇，大力推动交叉融合研究。2021 年 4 月 19 日，习近平总书记在清华大学考察并发表重要讲话，多次提到“学科交叉”，要求高校“鼓励自由探索，敢于质疑现有理论，勇于开拓新的方向”。华为创始人任正非提出要“向上捅破天，向下扎到根”，“在科学、技术、工程领域，不同人才选择不同的方向，充分发挥每个人的才智。多学科交叉突破会更有可能，横向融合创新才能产生颠覆性的效果。科学、技术、工程垂直打通才会形成能力，真正落实创新驱动发展的理念。因此交叉融合越来越重要。当然，大学还是应偏科学理论，偏重发现；企业偏重技术、工程，偏重发明，结合起来，力量才会更强大”。交叉融合不仅是学科深度融合，更是科技和产业的深度融合。协同创新汇聚了高校、科研院所、行业企业、地方政府以及国内外科研机构等各方创新主体优势，应充分发挥交叉融合的“催化剂”作用，探索建立符合交叉融合特点和规律的体制机制，以实质性的交叉融合为导向，大力推进各方创新主体的深度合作，推动新兴交叉领域取得重大突破，使之成为世界科学前沿领域和新兴产业技术创新的汇聚地。

经过几代人的努力，从“科学技术是第一生产力”的提出，到“创新是引领发展的第一动力”；从屠呦呦、袁隆平、钟南山，到“玉兔号”和空间站天和核心舱的升空，中国正在创新驱动的道路上奋力追赶。协同创新必将成为创新的重要驱动力。

(3) 坚持需求导向，以更实的举措成为科技创新的重要抓手

从高校可持续快速发展需求来看，高校是基础研究的主体，应用研究和成果转移转化相对薄弱。但科技创新是链条式的，因此，高校需要将协同创新中心作为桥梁，不断推进高校、科研院所、企业等各方创新主体的协同合

作，因地制宜开展“产学研”活动。

从江苏“两争一前列”的新使命新要求来看，江苏一直“走在全国前列”，长三角一体化、江苏高质量发展等更需要协同创新的有力支撑，并给全国树立协同创新的榜样和标杆，为国家级中心建设探索出一条可行之路。

从国家的科技创新需求来看，协同创新计划由教育部和财政部于2012年正式启动实施；2015年国家启动“双一流”建设，教育部明确将“高等学校创新能力提升计划（2011计划）”统筹纳入“双一流”建设。2018年，教育部启动“省部共建协同创新中心”，并以解决重大需求的贡献度为认定标准，说明协同创新工作仍然是科技创新工作的重要抓手。

当今世界正经历百年未有之大变局，我国发展面临的国内外环境正发生深刻复杂变化，“十四五”时期以及未来更长时期的发展对加快科技创新提出了更为迫切的要求。我国的科技实力正在从量的积累向质的飞跃转化，从点的突破向系统能力的提升迈进。时代需要我们树立敢于创造的雄心壮志，坚持自力更生的奋斗基点，坚定自主创新的信念决心，一定能实现高水平科技自立自强，加快建设科技强国的步伐。

我们期待江苏高校协同创新计划结出更多更加饱满的果实！

参考文献

[1] 五二三项目[EB/OL]. https://baike.so.com/doc/8346894-8663884.html.

[2] 曼哈顿工程[EB/OL]. https://baike.so.com/doc/7017838-7240733.html.

[3] 弘扬"两弹一星"精神　勇攀航天科技高峰[EB/OL]. https://news.sina.com.cn/c/2021-08-28/doc-iktzqtyt2660034.shtml.

[4] 三峡水电站[EB/OL]. https://baike.so.com/doc/182386-192672.html.

[5] 董瑞丰."关键核心技术是要不来、买不来、讨不来的"——习近平推动科技创新的故事[EB/OL].(2021-07-08). http://www.chinanews.com/gn/2021/07-08/9515544.shtml.

[6] 习近平用"协同创新"思维促发展[EB/OL].(2014-10-31). http://news.fznews.com.cn/xxdj/20141031/5452d8459be63.shtml.

[7] 洪流.提升高校科技创新能力　服务创新驱动发展战略:江苏高校协同创新计划实践与成效[M].南京:南京大学出版社,2018:7-13.

[8] 王秀丽,王利剑."产学研"合作创新效率的DEA评价[J].统计与决策,2009(3):54-56.

[9] 魏江,刘怡,胡胜蓉.基于主成分分析法的创新型城市评价研究[J].湖南大学学报(社会科学版),2009,23(3):53-58.

[10] 傅利平,王向华,王明海.区域创新系统绩效评价模型研究——基于知识生产函数和主成分分析[J].苏州大学学报(哲学社会科学版),2011,32(5):111-116+192.

[11] 梁宇,李柏洲.区域创新能力的因子分析和主成分分析方法研究[J].黑龙江科技信息,2007(17):124.

[12] 王化中,强凤娇,陈晓暾.模糊综合评价中权重与评价原则的重新确定[J].统计与决策,2015(8):24-27.

后记

作者长期在科研管理岗位上工作，自 2012 年起从事协同创新管理及研究工作，于 2018 年 9 月—2019 年 12 月在江苏省教育厅科技处挂职，负责全省高校协同创新管理工作。基于岗位工作，作者对江苏高校协同创新发展过程进行了全面深入的了解，系统收集整理了相关资料。通过参与两次江苏高校协同创新中心绩效评价工作，并主持和参与多项协同创新课题研究工作，得以将工作积累和研究成果进行梳理和总结，从而为本书的编撰奠定了基础。

本书的编撰工作主要分工如下：陈军冰负责全书统筹与定稿，毛晓翔、钱福良、曲颂参与了总体策划。陈军冰负责前言、第一章。前言部分为全书的开篇；在第一章中，参考和引用了洪流主编的《提升高校科技创新能力 服务创新驱动发展战略——江苏高校协同创新计划实践与成效》一书中的部分数据资料，重点研究了江苏高校协同创新发展演进过程，凝练了总体成效和特色。王钰云负责第二章，参考了陈军冰、王钰云、蔡宇青的有关研究报告成果，吸收和借鉴了部分江苏高校协同创新中心同仁的意见和建议，并进行了拓展研究。王轶帅、毛晓翔负责第三章，在江苏高校协同创新联盟和各有关高校协同创新中心的支持并提供资料的基础上进行了精心组织和编撰。陈军冰、卜伟负责第四章，对江苏高校协同创新管理工作提出建议，并对协同创新发展进行了展望。宋福明、顾升华、蔡宇青、张道潘、周国栋、席建等参与了编写和有关高校协同创新中心成果内容审核的工作。

本书的整体编撰工作得到了江苏省教育厅张兆臣、徐宁等有关领导的大力指导。本书第三章中各有关高校协同创新中心成果的内容得到了包括中国工程院院士缪昌文教授、东南大学常务副校长吴刚教授、徐州医科大学校长郑骏年教授等在内的34个高校协同创新中心的专家和科技管理人员的审核和把关。江苏高校协同创新联盟的曲颂、王艳艳等在将第三章内容与专家的对接工作中提供了大力支持，在此一并表示感谢。

本书的出版获得江苏省社会科学基金项目"江苏高校协同创新机制与效能研究"（编号：21JYB006）、中央高校基本科研业务费项目"基于CMM的重大科研平台过程管理与质量监控研究——以省部共建协同创新平台为例"（编号：B200207065）和重大基础设施安全保障协同创新中心体制机制改革及创新研究专项（编号：B210620102）等项目的经费资助。

编写此书，正值新冠肺炎疫情在全球范围内流行，科学是战胜新冠病毒的利器，多学科协同创新是战胜新冠肺炎疫情的重要途径。期待在不久的将来，全球科学家通过协同创新研发出战胜新冠病毒之良方。当前，协同创新工作的持续深入，尤其需要配以对协同创新管理理论的持续深入研究，这是从事协同创新管理的工作者们义不容辞的责任，也是对协同创新向前向深发展的有力支撑。谨以此书，与协同创新战线上的同仁们共勉！

陈军冰

2022年11月